中国博士后科学基金特别资助（编号：201104694）
教育部社科基金项目（批准号：09XJC630001）

经济管理学术文库 · 管理类

创新主体自适应机制

——基于创新驱动系统演化下战略性新兴产业的研究

Research on Adaptive Mechanism of Innovation Entities in the Innovation Generating System of Strategic Emerging Industry

邓龙安 / 著

图书在版编目（CIP）数据

创新主体自适应机制——基于创新驱动系统演化下战略性新兴产业的研究/邓龙安著．—北京：经济管理出版社，2018.1
ISBN 978－7－5096－4158－3

Ⅰ.①创…　Ⅱ.①邓…　Ⅲ.①新兴产业—产业发展—研究　Ⅳ.①F062.9

中国版本图书馆 CIP 数据核字（2015）第 303911 号

组稿编辑：王光艳
责任编辑：许　兵
责任印制：黄章平
责任校对：赵天宇

出版发行：经济管理出版社
（北京市海淀区北蜂窝 8 号中雅大厦 A 座 11 层 100038）
网　　址：www.E－mp.com.cn
电　　话：（010）51915602
印　　刷：北京玺诚印务有限公司
经　　销：新华书店
开　　本：720mm×1000mm/16
印　　张：11.75
字　　数：180 千字
版　　次：2018 年 2 月第 1 版　　2018 年 2 月第 1 次印刷
书　　号：ISBN 978－7－5096－4158－3
定　　价：58.00 元

前　言

在新技术、新产业迅猛发展的今天，新兴产业正在成为引领未来经济社会发展的重要力量。大力发展新兴产业，通过新兴产业创新驱动，攀登未来经济竞争的制高点，成为世界主要国家发展的战略。当前，我国正按照科学发展观的要求，大力发展新兴产业，建设新兴产业创新驱动体系，提高发展质量和效益，实现经济发展方式的转变。可以说，新兴产业创新驱动既是新技术、新科技深度融合的要求，也是经济社会得以持续发展的原动力。

本书在借鉴产业经济学和战略管理理论的基础上，首先对战略性新兴产业发展的支持条件进行了研究。并依次分析了市场需求、关联产业、产业范式技术创新、产业竞争环境、产业政策的完善等是支持战略性新兴产业发展的主要条件。同时，在创新理论基础上，分析了创新驱动的基本创新活动和辅助创新活动，基本创新活动包括研发、应用、推广，辅助创新活动包括组织、管理和服务。为了探究战略性新兴产业发展与创新驱动的关系，分别就创新驱动对市场需求扩展、关联产业的形成、辅助产业的形成、产业政策的完善、产业范式技术创新、产业竞争等战略性新兴产业发展条件的作用给予了证明。以上理论的形成，为揭示战略性新兴产业创新驱动体系和路径奠定了理论基础。

在借鉴产业集群理论的基础上，本书对战略性新兴产业发展中创新驱动个体的形成进行了系统分析。分析结论表明，在市场需求和产业技术竞争的环境下，战略性新兴产业发展中创新驱动的个体主要包括高技术企业、大学或科研机构、专业供应商、政府和相关的金融投资机构。这一结果的形成，锁定了对战略性新兴产业创新驱动区域实践研究的对象范围。同时，本书根据创新市场和技术的不确定性，提出了战略性新兴产业创新驱动的困境。

本书借鉴了复杂系统理论，揭示了战略性新兴产业创新驱动体系形成机理。顺应此机理，在创新驱动价值活动和战略性新兴产业发展条件的理论基础上，提出了技术研发、应用孵化、成果推广、组织联盟、创新驱动服务和管理制度等是构成战略性新兴产业创新驱动体系的基本要素，并进一步分析了创新体系要素有效运行的建议和存在的合理性。战略性新兴产业创新驱动体系演化系统要素的研究，为探索战略性新兴产业发展中创新驱动的路径奠定了直接的理论基础。

为明确战略性新兴产业创新驱动实现的条件，本书借鉴资本积累理论对战略性新兴产业创新驱动的条件进行研究。研究结论初步证明，新兴物质资本积累、新兴知识资本积累、新兴人力资本积累是成功战略性新兴产业创新驱动的支持条件。

为系统探究战略性新兴产业发展中创新驱动的路径，本书在战略性新兴产业创新驱动体系要素基础上构建了战略性新兴创新驱动的路径环节，在实践调研的基础上，运用层次分析方法，对战略性新兴创新驱动路径环节的重要性进行了价值评判，并根据评判结果提出了战略性新兴产业创新驱动的引导策略。同时，依据战略性新兴产业发展的支持条件和创新驱动价值活动理论，分析了战略性新兴产业创新驱动路径形成的理论逻辑，在借鉴优化控制理论的基础上，建立了战略性新兴产业创新驱动路径的优化模型。

本书根据创新个体对战略性新兴产业发展创新驱动的作用地位探究创新主体。同时，根据创新主体的多样性变异功能、遗传性保存能力、核心优势能力、协同能力对创新驱动运行的作用，揭示创新主体的自适应能力。

本书认为，创新在人才的培养与引进、创新产品品牌、加强产品创新服务平台建设、加强产业链的创新需要等，是当前战略性新兴产业在创新驱动下创新主体自适应存在的主要问题，由此，创新人才队伍建设策略、创新产品品牌建设策略、产业关键技术创新策略、搭建创新综合服务平台策略、完善创新驱动机制策略、制定创新驱动政策体系策略、强化企业创新主体地位策略，是战略性新兴产业创新驱动下创新主体自适应的重要策略。

邓龙安

2017 年 5 月

目 录

第一章

引　言

一、研究问题的背景

在新技术、新产业迅猛发展的今天，世界主要国家纷纷调整发展战略，大力创新新兴产业，获得未来经济竞争的制高点。“十二五”时期是我国工业转型升级的攻坚时期，加快转型升级成为新时期我国工业发展的核心任务。发达国家和地区根据自身特点，走出了各具特色的产业升级之路，既有成功的经验，也有失败的启示。其中，通过创新驱动，推动战略性新兴创新升级是其共同特征。

（一）国外

1. 英国

尽管英国是最早实现工业化的国家，但近些年来，随着英国工业的没落，英国经济发展进程也步履维艰。英国经济实践证明，凡是创新驱动好的时候，就是产业创新升级快的时候，反之亦然。英国工业发展历程可以分为以下几个阶段：

初期阶段。18 世纪下半叶，英国在工业革命的带动下，逐步成长为工业化强国[①]。在英国发生的产业革命首先表现在多种新技术的应用带来劳动生产率提升与主导产业的演变。新技术的广泛应用推动了英国纺织业发展，棉纺业技术进步逐步带动了英国轻工业其他部门的技术发展。与此同时，轻工业发展对机械制造业等其他工业部门提出了新的需求，技术革新向重工业、交通运输等其他工业部门扩散。到19世纪30年代，机器制造业产品已成为英国的主要出口商品。作为首个工业化国家，英国成为工业品的主要输出国和供应者，出口产品囊括了煤铁等原材料直到机器设备等技术装备。

鼎盛阶段。英国自1850年成为世界首个工业化国家后，工业在原有基础上高速发展，在19世纪晚期达到其巅峰。英国拥有占全球近半的工业生产能力，主要工业品钢铁、煤、棉的产量均达到世界总量的一半以上，在世界工业和贸易体系中高居统治地位[②]。在这一阶段，英国工业继续依靠技术进步的动力，大幅提升冶金业等重工业的劳动生产率，以重工业为主导带动了整体工业的发展。基于自身强大的工业生产能力，英国积极推动自由贸易，对外不断扩张。借助于交通能力的提升，英国从全球获取廉价原材料，向其他国家出口工业制成品。其一国贸易总额达到美国、德国、法国等多国的总和。

衰落阶段。一方面由于技术进步的停滞，其工业发展放缓，曾经发挥主导作用的传统产业处于萎缩之中；另一方面，美国和德国等新兴工业化国家在工业革命的扩展过程中，工业能力开始提升，在传统产业中开始挤占英国原有市场份额。在国内外不利因素的影响下，英国的工业开始衰落，20世纪80年代英国首次出现了制造品贸易逆差。此后，英国逐步成为制造业产品的进口国。随着经济全球化和分工体系的深化，英国制造业出现空心化，甚至去工业化的潮流。自20世纪末期，英国汽车业企业大量被国外企业收购，作为制造业代表性产业的汽车业一度退出英国舞台。连作为英国骄傲的劳斯莱斯车厂也被迫按旗下品牌分别归属于德国两大车厂，英国国王的座驾——捷豹轿车

① 韩民青．产业演进与大国兴衰——兼论中国崛起的产业演进背景［J］．济南大学学报，2006（3）：1－9．

② 李广一，刘维楚．略论英国工业的发展速度［J］．湘潭大学学报（哲学社会科学版），1978（1）：92－100．

也打上了美国车厂的烙印。

整体来看，英国工业发展进程受到科技进步和国外市场因素的影响，在科技进步停滞，国外市场缩小的情况下，英国制造业的萎缩是无法避免的。

英国产业创新升级的经验。尽管英国制造业发展相对变缓，但目前仍然是世界制造业第七大国，并且在航空航天、节能环保、生物科技、新一代信息技术、新材料等领域的竞争优势仍十分突出。英国推动产业升级的经验主要有以下几个方面：

其一，高度重视产学研联合原始创新和技术进步。高度重视原始创新和技术突破是英国率先开启工业革命浪潮的重要经验，也是当今英国政府发展新兴产业的重要理念。首先，英国政府非常支持产学研联合研发。如实施的“联系计划”要求申请项目的主体必须是科研机构与企业联合共同完成。其次，英国很注重搭建产学研合作平台。英国有 70 多个科技园区，其中 7 个完全为大学所有。最后，英国高度重视知识产权保护。英国早在 1449 年就授予了本国第一件专利，是世界公认的最早实行现代专利制度的国家。

其二，通过应用信息技术提高管理效能和运行效率。英国企业信息化基本实现普及应用，超过 93% 的企业使用互联网，80% 的企业建立了网站，70% 以上的企业不同程度地实施了电子商务。2008 年，英国在线零售额达到约 900 亿美元，占全国总零售额的 15%，成为欧洲电子商务的领头军和最大市场。通过信息通信技术深化应用，英国在航空、石油、化工、机电、汽车等优势领域的竞争力得到不断巩固和提升。

其三，积极构建以绿色低碳为主要特征的产业体系。一是加强政策法规对节能减排的引导和约束作用。2009 年，英国政府在年度预算中又在全球首次提出碳预算的概念。二是高度注重节能技术的研究和应用。如英国政府 2009 年出台了《低碳交通计划》，要求全国陆海空交通工具实施低碳化战略，如汽车行业要尽快实现新型发动机、混合动力、生物燃料、新型轻质材料技术的市场开发推广。三是英国政府还采取了一系列强制性的手段，减少甚至停止矿产资源开采企业和高能耗高污染企业的生产。

2. 美国

美国制造业在20世纪初逐步建立的产业优势是依靠领先的技术创新能力而形成的。在这一过程中，美国制造业企业通过技术方面的优势先于其他国家企业开发出新产品，并依靠技术不断创新保持先于其他国家竞争对手的产品更新速度。迄今为止，美国在制造业方面的综合实力仍然是其他国家难以匹敌的。在某种意义上说，美国产业升级的成功在于其市场机制和战略谋划上的成功。

市场化机制和充分自由的文化造就了创新机会。美国是现代发达资本主义市场经济的典范，它强调市场机制对经济发展的重要作用。如硅谷更多主张经济活动按经济规律自发运转，使资源在市场机制下优化配置。在市场经济条件下，在高新技术产业上下游以及产业内部各厂商中有明确的分工，这样就可以在同一产业上下游企业中避免重复劳动，在产业链条的同一环节又可以通过加大竞争的方式优胜劣汰，从而提高了资源配置的效率。

高度重视国家战略对产业升级的引领。美国在"二战"以后，逐渐确立起在全世界的经济霸主地位。之后，在产业政策、贸易政策等方面，出台有针对性的战略引领产业不断升级，保持了其在世界范围内的长期领先地位。20世纪80年代以来，美国实施"贸易政策行动计划"，保证美国产业发展的出口空间。20世纪90年代，克林顿政府提出了"通用的产业政策"，支持基础性的研究和开发。进入21世纪以来，美国贯彻"保持优势战略"，确保了美国在研发、制造、贸易方面的世界领先地位。特别是针对2008年的金融危机，美国政府提出了一系列措施和计划《重振美国制造业政策框架》《美国先进制造业的领先地位计划》《先进制造业国家战略计划》等，以帮助美国制造业在逆境中实现升级。

充分发挥科技创新对产业升级的支撑。第一，美国不断加大研发投入力度，以持续的科技创新确保了其领先的产业竞争优势。2011年，美国研发投入超过4272亿美元，占GDP的2.8%，占全球研发投入比重超过31%。第二，美国在新能源、生物技术和材料技术等尖端领域不断取得突破，并逐步投入规模化产业运用，使得产业经济发展和升级保持了旺盛的动力。美国的科技成果转化率为80%，远超我国25%的科技成果转化率。第三，遍布全国的工业实验室，为美国产业发展创新了一系列重要的技术和科技人才。第四，发达的资本市场为科技创新和产业发展提供了充足的资本来源。

积极利用经济全球化为产业升级带来的机遇。首先，美国充分利用中国等发展中国家的制造能力和较低的生产要素成本，将本土企业的制造环节迁往发展中国家。其次，美国在全球布局自己的产业，但特意将研发设计以及航空航天、信息技术、生物制药、汽车制造等关涉行业竞争力的核心技术和战略性、基础性产业在本土发展。最后，美国一贯注重对品牌和标准的控制。品牌和技术标准已经成为美国保持行业竞争力，在全球范围内占据产业链高端的重要手段。根据《财富》"2011年世界500强排行榜（企业名单）"，美国企业有132家，前100名中有29家，这些企业拥有的品牌价值是发展中国家企业短时间内无法超越的。

3. 德国

德国工业革命晚于英国，虽然与英国一样在工业革命前都是落后的农业国家，但德国的工业化过程不同于英国的发展道路。由于德国的工业化晚，并超越了英法等国成为欧洲工业强国，因此德国的经验对后发国家有着更强的借鉴性。第二次世界大战后，德国通过扶植广大企业发展技术，迅速成长为世界经济强国同时也成为制造业强国，其精密机械、汽车等工业制成品在国际市场上占有重要份额，"德国制造"成为高品质产品的代表。然而，在20世纪70年代，由于德国没能把握住产业发展的方向，忽视了电子信息技术的发展，其制造强国的地位被日本替代。在发现自身的不足后，德国迅速致力于产业结构调整，通过赶超战略发展高技术产业，到20世纪90年代，德国已成为世界领先的高技术出口国。德国在发展高技术产业的同时，其传统产业一直保持着强劲的竞争力。作为德国支柱产业的汽车制造业一直占据着世界汽车业的高端。在世界其他车厂遭遇各种困境时，德国"三雄"（大众、奔驰、宝马）一直稳步拓展自身产品线，以高品质的产品稳居产业的前列。机械制造业作为德国另一传统优势产业在2003

年成为世界最大出口国。德国的经验表明，无论过去、现在还是未来，制造业都将是一个国家经济成功的关键。德国推动产业升级的经验主要有以下几个方面：

其一，高度重视科技创新对创新产业竞争优势的支撑。德国为制造业技术创新创造了很好的制度框架，并通过专利保护、知识产权制度及技术标准为企业创新提供激励。目前，德国研发经费投入占到国家 GDP 的 3% 左右，其中 90% 的科研经费来源于企业。德国装备制造业每年用于研发的费用高达近百亿欧元，占销售额的 5% 以上；全球约 2/3 的机械制造标准来自“德国标准化协会”。对研发的高度重视，不仅使德国的专利申请数名列全球第三，而且让德国企业在众多领域保持技术优势。根据 Batelle 研究院发布的《2012 年全球研发投入展望》，目前德国在汽车及其他机动车、复合材料、纳米技术、再生能源、环保技术、仪器设备等领域技术创新方面，均处于“领跑者”地位。

其二，着力将高品质和高标准作为塑造品牌竞争力的关键。“德国制造”对精准和品质的追求是苛刻的，这源自德意志民族的严谨个性。比如德国诺沃泰克公司直线位移传感器的线性精度可达 0.01%，分辨率高于 0.01 毫米，其内部的导电塑料电阻及多指贵金属电刷可保证 1 亿次以上的寿命。德国汽车的安全系数和耐用性，明显超过一些竞争对手。凭借严格的质量标准和完善的监督机制，德国已成功将“品质”打造成“德国制造”的核心竞争力。德国企业普遍执行严格的技术标准，为德国品牌带来了良好的口碑，而且吸引各国特别是发展中国家的企业到德国学习。如很多中国企业不再满足只生产廉价低质的产品，所以把德国作为“走出去”的目标地，以借助“德国标准”提升产品质量。

其三，积极创新隐形冠军，保持产业发展活力。德国制造的真正支柱在于一大批极具发展活力的行业“隐形冠军”。这些小企业往往只是生产单一的专业化产品，却努力将这个产品的市场横向扩展，销售到全球。这些企业几十年，甚至几百年专注于能占据统治地位并在高成本的德国继续生产的细分市场，不但技术精良，而且对市场的应变能力也较强，都是所在领域的全球领袖。比如德国伍尔特公司，只生产螺丝、螺母等连接件产品，却在全球80个国家或地区有294家销售网点，产品应用上至太空卫星下到儿童玩具，几乎涵盖了所有行业领域；海德堡印刷机械公司拥有250多个销售分支机构，在全球单张纸印刷机市场上占据四成以上的份额，80%以上的销售收入来自德国以外的国家和地区。

其四，把职业技术教育作为人才队伍建设的保证。德国历来重视教育制度对产业发展的基础性支撑作用。1871年德国统一后，小学、中学、工商学校、技术学校和综合性大学的完整教育体系得以很快建立，到1890年文盲率已经下降到1%以下。德国的技术人才培训体系为制造业发展提供了重要支撑。德国制定了《职业技术培训法》，规定青年人必须参加技术培训，企业有义务为青年工人提供技术培训的岗位。这使得很多有益的经验得以有效保留，也使职业意识和敬业精神得以传承。正是通过学校与工厂的结合，德国培养出大批的高素质产业技术工人，成为“德国制造”在全球竞争中能够保持长盛不衰的重要源泉。

4. 日本

19世纪的明治维新使日本开始全面学习西方发达国家经验，引进先进技术，发展现代工业。第一次世界大战后，日本突出发展以军工为重心的重化工业，到第二次世界大战开始前夕，日本制造业中重工业比重超过轻工业比重，工业比重超越农业比重，初步完成了工业化。

在创新网络中，日本意识到政府效率不高，阻碍了创新成果的产生和转化，逐步改变政府主导模式，引入市场机制的调节作用。1995年，日本制定了《科学技术基本法》，明确提出日本开始从“技术立国”向“科学技术创新立国”的发展战略转变。基本法的基本内容包括：重视国家，即地方公共团体在基本研究领域的重要作用；增强科研机构的自主性；促进研究开发交流；公开研究开发成果。2003年颁布的《国立大学法人法》规定了国立大学自主运营，教职员的身份向非公务员过渡等，该法律实施后教师不再是国家公务员，自由兼职乃至创办风险企业的机会增加，企业可以向研究成果卓越、对企业贡献巨大的大学投入资金，企业可以委托大学培训职员，也可以派遣本企业的研究人员担任大学老师①。

面对人口密度高、资源匮乏的现实，在追求工业化过程中日本始终坚持认为，制造业既是经济发展的基石，也是技术创新的发源地。为了促进制造业升级，日本采取了许多政策措施：通过税收财政等政策支持技术能力的提升和促进新技术、新产品的产业化；通过改善工作环境、待遇，加强职业技能培训，在现有教育体系中加大制造业技术普及，从而实现了稳定劳动力的供给，提升劳动力的素质。近年来，日本制造业的增幅、收益、出口都有所提升，日本制造业的发展带动了日本经济的恢复②。

5. 韩国

韩国建立的是以政府为主导的市场经济体制，20 世纪 80 年代之前，韩国在很大程度上依靠国家指导性计划干预，其产业政策直接由政府部门做出并执行，而且有明确的国家计划和优惠政策。

国家政策倾力扶持重点行业。韩国通过对重点行业的扶持，显著提升了国力和国际地位。如 IT 产业和汽车工业、造船业等，就是韩国政府倾力扶持的重点行业。其中 IT 产业帮助韩国实现了人均国民收入突破 2 万美元以及贸易规模 1 万亿美元的目标。从目前产业结构来看，硬件产业在全部 IT 产业中所占的比重高达 76%，IT 服务业所占的比重为 17%，软件产业所占的比重仅为 7%；在国际 IT 市场上，软件产业所占的比重（30%）远高于硬件产业的比重（23%）。韩国还将汽车工业作为战略工业之一，给予各种奖励措施支持发展，如由国家建立投资基金，以优惠利率提供大型投资所需的资金；提供保护措施，保证在国际上拥有一定竞争力。

高度重视创新大型企业集团。大企业集团在韩国经济中占有十分重要的地位。为了实现经济增长目标，从 20 世纪 70 年代起，韩国政府采取各种财政、信贷、贸易等优惠措施，扶持了一批大型企业集团，

① 周天勇，旷建伟. 中国城市创新报告［M］. 北京：社会科学文献出版社，2013.

② 李毅. 当前日本制造业的产业政策动向与制造企业的调整和变革［J］，日本学刊，2005（6）：112－127.

减少了资本的分散性和不节约性，提高了资本集中度。大型企业集团迅速成长，使韩国产品增强了国际竞争力。大集团优势能够促进产品出口，并带动相关产业部门的发展，从而促进韩国经济的整体增长。韩国政府主导推行的大企业集团化战略，适合于其在比较薄弱的工业基础上发挥本国的比较优势，产生规模化效益。据统计，三星、现代、SK、LG 和 KT（韩国电信）等大企业集团创造的产值在韩国的国民经济中所占比重已超过60%。

注重通过软实力提升民族品牌。一方面，韩国政府大力扶持重点行业和企业集团，促使韩国某一产业在不长的时间内成为世界领先；另一方面，韩国政府还通过提升韩国的软实力，着力扩大韩国品牌在国际上的整体影响力。即加大对外交流的力度，积极向西方先进国家学习技术和经营，并大力推广具有民族特色的影视、语言和餐饮等，发挥品牌、设计、市场营销等因素的共同作用，大力推动韩国产品被世界市场接受。通过政府和企业几十年的共同努力，韩国的消费品工业、汽车制造业、造船业、电子信息产业等不仅技术先进，而且还融入了韩国的文化元素，使韩国产品兼具西方发达国家的技术和东方国家的文化特点，韩国制造渐渐成为“性价比”的标志。

（二）国内

就国内战略性新兴产业创新驱动，广东省、江苏省、浙江省率先推行。2011 年，广东省经济总量达 5.3 万亿元，是香港地区的 2.6 倍、台湾地区的 1.7 倍、新加坡的 1.6 倍。如果作为一个独立经济体参与全球排名，广东省位居全球第 16 位，江苏省第 17 位，浙江省第 19 位。近年来，受土地资源、劳动力成本等因素制约，广东省、浙江省、江苏省等地特别注重以创新驱动为基础，加速产业升级的步伐，为我国后发地区提供了有益的经验借鉴。

1. 广东省

广东省着力实施“双转移”战略，推动战略性新兴产业创新驱动。

改革开放初期，珠三角地区承接了大量的以加工贸易为主的劳动密集型产业，经过改革开放30多年的发展，珠三角地区的劳动力、资源、环境等要素的制约日益突出，产业结构迫切需要转型升级。同时，广东省内区域发展不平衡现象较为突出，地区间人均GDP差距较大。正是在这种背景下，广东省于2008年正式实施“双转移”战略①，积极探索创新驱动，促进产业转型升级的发展新道路。其主要做法如下：

（1）实施积极的财税政策。2008年广东省进一步规划了2008～2012年省财政投入400亿元，用于广东省欠发达地区产业转移园区的贷款贴息和基础设施建设，奖励珠三角企业转移，支持示范性产业转移园区建设，加强重点项目启动与战略产业创新，促进劳动力就业培训与转移就业补贴，耕地占补平衡及标准农田建设等，其中直接用于推进创新驱动和产业转移的专项资金达175亿元。在税收方面，珠三角企业整体或部分转移到园区，符合国家现行税收政策规定的，可享受技术改造国产设备投资抵免企业所得税的优惠政策。

（2）积极推进产业转移载体建设，促进创新产品的创新。近年来，广东省制定了《关于进一步推进产业转移工作的若干意见》《广东省产业转移工业园认定办法》等一系列促进转移园区发展的政策措施，通过结对建园、利益共享、资金扶持和目标考核等体系，在粤东西北地区建设了一批省产业转移工业园。目前，全省已有35个省级产业转移园区，逐步形成了以珠三角为龙头，带动东、西、北发展的产业新格局。据统计，2011年全省35个园区规模以上工业企业实现产值3386.9亿元，同比增长34.3%，比同期全省工业产值增速快13.4个百分点。

（3）加强就业培训和人才转移。一是为农民提供短期培训。在400亿元专项资金中，每年安排劳动力培训转移就业专项资金10亿元以上，专项用于劳动力职业技能培训、智力扶贫、劳动力转移就业服务。二是扩大中等职业技术教育的招生规模，并为欠发达地区人均年

① “双转移”指产业转移和劳动力转移，即珠三角劳动密集型产业向省内欠发达地区（东西两翼、粤北山区）转移；而欠发达地区的劳动力经过技能培训后，一部分向当地第二产业、第三产业转移，而一些素质较高的劳动力向发达的珠三角地区转移，其战略目标是促进珠三角地区的产业升级，并缩小广东省内区域间的发展差距，进一步推动广东省经济增长与人均收入水平的提高。

收入低于 1500 元家庭子女就读职业技术学校提供学费与生活费保障。三是中职学校招生向东西两翼和北部山区倾斜。目前，欠发达地区人才创新与转移已取得积极成效。据统计，2011 年组织培训农村劳动力 85.5 万人，新增转移就业人数 137.6 万人。

（4）着力降低转移企业运营成本。一是重点降低产业园区企业用地、用电、用工等生产成本，提高对转移产业的吸引力，积极推进销售电价区域同网同价改革，省财政拿出 100 亿元用于降低东西两翼和粤北山区电价补贴，使产业转移园电价比珠三角地区电价低约 0.1 元/千瓦时。二是对产业转移园区建设用地指标安排适度倾斜，保障建设用地需求，对规模大、成效好的产业转移园区的用地指标，广东省给予支持，对投资 10 亿元以上重大项目的用地计划，由省专项安排解决。

2. 江苏省

江苏省深入推进“创新驱动”战略，推动战略性新兴产业创新驱动。改革开放以来，江苏省一直着力推进技术进步与产品创新。在具体做法上主要以创新驱动战略来推动。2011 年全省研发投入强度达到 2.1%，专利申请量连续 3 年保持全国首位，发明专利申请量跃居全国首位，区域创新能力连续两年保持全国第一，对经济增长的贡献率由 2005 年的 45.4% 上升到 2011 年的 54%。综观江苏省创新驱动的做法，其主要经验如下：

（1）积极推进产学研政合作。江苏省在全国最早提出建立创新型省份。多年来，坚持科教兴省战略，政府在推动产学研合作方面做出了积极努力，取得了良好成效。目前，950 多家省内外高校院所与江苏省企业建立了稳定合作关系。同时，江苏省积极实施省内外科教资源苏北集聚计划，引导南京大学、南京工业大学等 11 所高校院所到苏北建设分支研究机构 17 个；中科院连云港能源动力中心、中科院南通海洋所等一批重大产学研载体建设加快，浙江大学苏州研究院、中科院常州科学与艺术融合中心等 30 多个平台合作项目相继启动，6 万多名人员常年在江苏服务产学研合作。

（2）积极引进优秀的创新人才。为进一步集聚优秀人才，江苏省出台了"江苏省高层次创新创业人才引进计划""创新创业双千人才工程""企业家计划""企业青年博士计划"。目前，江苏省已吸引高层次人才近9万名，创新创业团队2200多个、高层次创新创业人才918名，其中，列入国家"千人计划"120名，形成了一条高层次人才集聚链，增强了江苏省的创新活力和发展后劲。"十二五"期间，江苏省将着力引进海外领军人才、拔尖人才和紧缺人才，并支持建设企业科学家工作室、院士工作站等人才平台，为人才发挥作用创造更好条件和更优环境。

（3）着力加强创新型载体建设。江苏省高度重视创新型园区建设，目前，全省共建有18个国家和省级高新技术产业园区，其中，国家级高新区8个，苏州高新区、无锡高新区、苏州工业园、常州高新区被列入国家创新型园区试点。2010年高新园区内的高新技术企业超过1300家，占全省总数的43%，省成果转化资金项目中有1/4在高新园区。高新园区创造了全省34%的高新技术产业产值和60%的新兴产业产值。在加大园区建设的同时，江苏省也积极开展了公共创新平台建设，如昆山市组建的非营利公益法人性质的昆山工研院，成为昆山市推动自主创新、加快产业转型升级的孵化器和加速器。

（4）探索产业金融结合新模式。江苏省非常重视产业与金融的结合，率先在全国开展小额贷款公司试点工作，并积极促进支行发展。目前，全省批准设立28家小额贷款公司，已开业10家；批准设立18家支行，已开业15家，是目前国内最多的省份。江苏银行和中国农业银行在无锡市成立支行，实行专业化的信贷运营模式和考核评审机制，开展知识产权质押贷款业务；无锡市积极推进保险、项目贷款风险补偿等金融创新工作，并对中小型企业建设信用体系，为中小创新企业融资难问题的解决提供可以借鉴的路径。

（5）发挥跨国公司在技术创新中的带动作用。江苏省积极鼓励跨国公司研发本土化，提升跨国公司对本土产业转型升级的带动和溢出效应。目前，全省外资研发机构总数达400多家，世界500强企业设立的研发机构60家，74家是外资企业全球或亚太地区研发中心，55%的外资研发机构与江苏省高校院所、企业建立了稳定合作关系。同时，江苏省还以深入推进国家技术创新工程试点为契机，积极引导

企业加大研发投入力度，着力创新具有国际竞争力的创新型领军企业。

3. 浙江省

浙江省全力打造现代产业集群，推动战略性新兴产业创新产品的创新。进入21世纪，浙江省坚持经济效益、社会效益和生态效益并重，探索出独具特色的工业发展之路。其中，通过打造现代产业集群，推动创新产品的创新，有效推动浙江省产业的升级是其主要做法。

（1）着力推进块状经济向现代产业集群转型升级。改革开放以来，块状经济已成为支撑浙江省区域经济发展的重要产业组织形态。为提升区域和产业竞争力，浙江省政府于2009年适时出台了《关于加快块状经济向现代产业集群转型升级的指导意见》，从全省范围内确定了42个块状经济作为转型升级示范区，通过设立产业集群示范区专项资金、促进技术改造和创新、淘汰落后产能、品牌建设、龙头骨干企业带动等措施，产业集群示范区建设取得积极成效。

（2）以“两化”深度融合加快提升传统产业。浙江省主要从产业集群、重点行业和企业三领域，实施“两化”融合工程。在产业集群层面，加强共性技术的研发和应用，推广一批具有行业特色的工业软件和信息化解决方案；支持建立信息化服务平台，提供产品设计、质量检测、行业数据库共享等服务；完善信息化基础设施，为产业集群“两化”深度融合提供基础支撑和保障。在重点行业层面，加强行业信息技术推广，推广一批具有行业特色的信息化系统，推进印染、装备制造、纺织、轻工等传统产业的“两化”融合，建设一批“两化”融合产业示范基地。在企业层面，围绕产品研发、生产、管理、营销等环节，加大信息技术在关键环节的融合渗透，提升企业信息化水平，不断增强企业竞争力。

（3）进一步加大企业家和人才培训力度。为促进产业转型升级，浙江省加大了企业家转型和人才培训力度，积极实施了浙江省特级专家制度、“新世纪151人才工程”“百千万创新人才工程”“浙江人才计划”“海外留学人才回归计划”紧缺急需高层次人才引进计划和高技能人才培养工程，出台了《关于加强企业管理创新工作的指导意见》，在全省树立11家精细化管理示范标兵企业，推进500多家企业实施精细化管理改造，深入实施企业经营管理人员素质提升计划。此外，浙江省着力优化和规范企业管理咨询培训行业，全省培训基地总量达78家；同时，还鼓励有条件的地区依托高等院校、职业院校和科研机构，建立区域高新技术和高层次技术应用型人才培养基地。

（4）高度重视龙头骨干企业的示范引领作用。浙江省于2010年发布了《关于做好工业行业龙头骨干企业发展战略规划编制工作的通知》，引导企业做好规划，并公布了关联度大、主业突出、创新能力强、带动性强的146家工业行业龙头骨干企业名单，着力将其创建成为“总部型、品牌型、上市型、高新型、产业联盟主导型”企业。目前，龙头骨干企业引领示范作用已明显初现，146家龙头骨干企业中有高新技术企业108家，上市企业78家，销售收入增幅高于全省平均水平。同时，浙江省还高度重视发展专业化配套企业，着力形成一批专业化优势显著、竞争能力强的专业化配套企业，打造一批“小型巨人”和“单项冠军”。

从以上看出，创新驱动是发展战略性新兴产业，推进产业结构升级、加快经济发展方式转变的重要引擎。就我国来看，应在节能环保、新一代信息技术、生物、高端装备制造、新能源、新材料和新能源汽车（见表1-1）等产业领域集中优势力量进行创新，以促进我国经济的深度融合，实现经济持续发展。

表1-1　我国战略性新兴产业发展任务

领域	主要任务
节能环保	大力发展高效节能、先进环保和循环应用等关键技术、装备及系统。实施半导体照明、煤炭清洁高效利用、“蓝天”工程、废物资源化等产业化工程。加强技术的集成和推广应用，快速提高我国节能环保领域整体技术能力及产业竞争力
新一代信息技术	推动下一代互联网、新一代移动通信、云计算、物联网、智能网络终端、高性能计算的发展，实施新型显示、国家宽带网、云计算等产业化工程。积极推进三网融合，加快网络与信息安全技术创新，保障网络与信息安全。着力发展集成电路、智慧城市、智慧工业、地理信息、软件信息服务等相关技术，促进信息化带动工业化

续表

领域	主要任务
生物产业	大力发展创新药物、医疗器械、生物农业、生物制造等关键技术和装备。实施生物医药、生物医用材料、先进医疗设备、生物种业、农业生物药物、先进生物制造等产业化工程。推动传统产业制造过程的绿色化、低碳化，加快发展绿色农用生物产品，促进优质高效农业发展
高端装备制造	重点发展大型先进运输装备及系统、海洋工程装备、高端智能制造与基础制造装备等。实施高速列车、绿色制造、智能制造、服务机器人、高端海洋工程装备、科学仪器设备等产业化工程。研发高速列车谱系化和智能化、绿色产品设计、机器人模块化单元产品等重大关键技术，提升我国制造业的国际竞争力
新能源	积极发展风电、太阳能光伏、太阳能热利用、新一代生物质能源、海洋能、地热能、氢能、新一代核能、智能电网和储能系统等关键技术、装备及系统。实施风力发电、高效太阳能、生物质能源、智能电网等产业化工程。建立健全新能源技术创新体系，加强促进新能源应用的先进适用技术和模式的研发，有效衔接新能源的生产、运输与消费，促进产业持续、快速发展
新材料	大力发展新型功能与智能材料、先进结构与复合材料、纳米材料、新型电子功能材料、高温合金材料等关键基础材料。实施高性能纤维及复合材料、先进稀土材料等产业化工程。掌握新材料的设计、制备加工、高效利用、安全服役、低成本循环再利用等关键技术，提高关键材料的供给能力，抢占新材料应用技术和高端制造制高点
新能源汽车	全面实施“纯电驱动”技术转型战略。实施新能源汽车产业化工程。坚持“三纵三横”的研发布局，建立“三纵三横”产业技术创新战略联盟。全面掌握核心技术，加快整车系统技术成果的产业化和规模示范，形成整车及零部件工业体系，建设新能源汽车基础设施、产业标准体系和检验检测系统，使我国跻身新能源汽车产业先进国家行列

注：根据国家“十二五”发展规划整理。

从本质上来看，世界各国加快战略性新兴产业发展的起因是为了应对国际金融危机的严重冲击和恢复、提振经济的战略选择而提出来的。其共识是加大对创新驱动的投入、加快对新兴技术和产业发展的布局，力争通过发展新技术、创新新产业，创造新的经济增长点，推动经济结构的重大调整，提供新的增长引擎，使经济重新恢复平衡并提升到更高的水平，率先走出经济危机，抢占新一轮经济增长的战略制高点。而历史经验也表明，经济危机往往孕育着新的革命。如 1857 年的世界经济危机，是第一次波及全球的生产过剩危机。这次危机引发了电气革命，推动人类社会从蒸汽时代进入电气时代；1929 年的世界经济危机，引发了电子革命，推动人类社会从电气时代进入电子时代。由此，面对当前这场国际金融危机，各国正在进行抢占制高点的竞赛，全球将进入空前的创新驱动密集和产业振兴时代。例如，美国提出，将研发的投入提高到 GDP 的 3% 这一历史最高水平，力图在新能源、基础科学、干细胞研究和航天等领域取得突破；欧盟宣布加速向低碳经济转型；日本重点开发能源和环境技术，将新能源研发和利用的预算由 882 亿日元大幅增加到 1156 亿日元。韩国计划到 2012 年投资 60000 亿韩元研发绿色能源新技术，还把加快“三网融合”作为信息产业发展的重要方向。英国、法国相继出台了“数字国家”战略，德国推出“信息与通信技术 2020 创新研究计划”，倾力增强信息通信领域的国际竞争力。英国还计划 10 年内在癌症和其他疾病领域投入 150 亿英镑用于相关的生物医学研究，这比英国以往任何时候对生物医学研究的投入都要多。俄罗斯提出开发纳米和核能技术，在 2009 年宣布投资 2000 亿卢布发展纳米技术，使其成为国家“战略的火车头”。

2009 年底，我国战略性新兴产业领域确定工作启动，当时初步确定的领域包括“新能源、节能环保、电动汽车、新材料、新医药、生物育种和信息产业”七大产业。与此同时，战略性新兴产业规划文件起草组也相应成立，并出台了《国务院关于加快创新战略性新兴产业的决定》和《战略性新兴产业发展“十二五”规划》等文件。在征求意见过程中，先是从原本的 7 个领域扩展到了 9 个领域，增加了“民用航空”和“海洋工程”两大领域。2010 年初起，国家发改委、财政部、工信部四部委联合制定下发了《关于加快创新战略性新兴产业的决定》代拟稿，经过半年的意见征求，主要领域从 7 个扩为 9 个，现在又改为 7 个，但前后 7 个领域的产业内容已发生变化。战略性新兴产业方向已进一步定为 7 个领域、23 个重点方向。“新七领域”为“节能环保、新兴信息产业、生物产业、新能源、新能源汽车、高端装备制造业和新材料”。这一宏大规划，被业内人士看作继“4 万亿”后

中国政府启动的最大规模的产业计划。而这一计划，已瞄准发展结构的根本转变。

从国际社会来看，战略性新兴产业总体上仍处于发展的起步阶段。由此，谁掌握了核心关键技术，谁就可能在竞争中赢得主动权。而发达国家为维护和垄断自身的优势地位，在战略性新兴产业领域可能会采取极为严格的技术封锁政策。例如，美国有极为严格的高出口制度，有 20 个大类的高产品不得对我国出口，并动辄以知识产权保护不力为由，拒绝向我国输出技术。

因此，发展战略性新兴产业必须坚持自主创新，必须掌握关键核心技术，形成具有市场需求前景，具备资源能耗低、带动系数大、就业机会多、综合效益好的创新产品。如果产品的研发还是依赖国外，到最后仍然只能成为一个制造大国，不能享有高端利润，陷入恶性循环。只有通过自主的创新驱动，拥有自己的技术、专利和标准的关键核心技术，发展一大批具有较强自主创新驱动能力的先导产业，创新一大批具有国际市场竞争力的品牌产品，才能提高我国综合国力和核心竞争力。

也就说，战略性新兴产业的发展是依靠创新驱动实现的。国家"十二五"发展规划指出，集中优势力量攻克节能环保、新一代信息技术、生物、高端装备制造、新能源、新材料和新能源汽车等产品领域中的关键共性技术，以达到增强战略性新兴产业的核心竞争力目的。《国务院关于加快创新和发展战略性新兴产业的决定》指出，战略性新兴产业的发展要坚持创新驱动、开放发展，坚持自主创新，加强原始创新、集成创新和引进消化吸收再创新，掌握关键核心技术，健全标准体系，加速产业化，增强产品研发的自主创新能力。可以说，创新驱动的能力和水平决定战略性新兴产业的发展能力和水平，只有产业创新驱动占据制高点，战略性新兴产业的发展才能占据制高点，这一点关系我国创新和发展战略性新兴产业的成败。

从战略性新兴产业实施的进展情况来看，存在的问题还比较突出：一是无序发展，一些地方热衷于铺摊子，重复投入、重复建设；二是缺乏核心技术，许多领域还处于起步和跟踪模仿外国技术阶段；三是条块分割，资源分散，产学研脱节。究其原因，本书认为是没有建立起适宜战略性新兴产业发展的创新驱动体系，没有从战略性新兴产业发展的实际需要和创新驱动关系上厘清建设路径和策略。对此，本书将从战略性新兴产业发展和创新驱动的关系入手，深入探究战略性新兴产业创新驱动个体、困境、体系、条件、路径和实际区域运行策略，以对战略性新兴产业发展实践中产业创新驱动活动提供有价值的理论指导。

二、研究现状与意义

（一）研究现状

1. 战略性新兴产业创新研究现状

广大学者从不同角度对战略性新兴产业进行了研究。李华军、张光宇、刘贻新（2012）在 SNM 理论的基础上，构建了战略性新兴产业创新系统模型，完善了以企业为主体、以市场为导向、产学研相结合的技术创新体系。并认为增强自主创新能力是培育和发展战略性新兴产业的中心环节和重要途径。邬龙、张永安（2013）认为，战略性新兴产业创新研究中长期忽略创新效果和产业竞争力问题，并应用 SFA 方法将创新效率分为技术创新效率和创新产品转化效率两个阶段。在以北京市信息技术和医药两大代表战略性新兴产业为例的创新效率比较基础上，得出信息技术产业创新效率逐年快速提升，但科研人员水平和配置出现瓶颈，不利于高水平创新发展。汪秀婷、杜海波（2012）分析了战略性新兴产业发展的“五大”趋势与关键驱动要素，从系统视角出发探究了战略性新兴产业创新发展的集成架构，即由战略子系统、核心网络子系统、知识技术子系统以及环境子系统所构成的复杂适应系统，并分析了四大子系统及其相互间的功能特性与关系。任志成（2013）认为，在战略性新兴产业创新价值链锻造中，政府或

企业可以选择两种战略：一是自上而下，选择创新价值链的制高点，从源头创新开始拓展到全链条创新；二是自下而上，选择创新价值链中端甚至低端位置，从模仿创新开始沿价值链攀升。两种战略都需要有匹配的要素禀赋，对中国战略性新兴产业区域创新价值链锻造的研究发现，基于专业化分工，自上而下与自下而上可能相互依存、相融共生，两种战略相融共生的路径要求是开放式创新、创新集聚，在创新价值链锻造中，公共创新服务平台创新是两种战略方向链接的关键。吴绍波（2013）认为，创新生态系统是核心创新企业与上游供应商、下游销售商、同行业竞争对手及产品服务的其他相关配套提供主体所构成的相互依赖的合作伙伴关系，是战略性新兴产业实现协同创新的重要途径。战略性新兴产业创新生态系统在运行过程中，由于企业组织相互依赖的非对称性、技术配套的专用性、集体行动的“搭便车”行为以及技术学习能力的差异性等原因，很容易滋生机会主义行为。张志彤等（2014）针对战略性新兴产业的特点，采用数据挖掘和案例分析方法对深圳 LED 产业创新系统的网络发展现状和演化过程进行研究。研究发现，网络结构的完善主要缘于其强大的环境支撑体系，包括技术需求环境、技术供给环境和政策扶持环境，其中政府的定位和行为对于三个支撑环境的完善具有重要作用。

2. 战略性新兴产业创新驱动研究现状

战略性新兴产业创新驱动的研究是建立在创新驱动理论研究下的。对于创新驱动的理论，自党的十八大后我国学者从广泛的视角，进行了深入研究。李东兴（2013）认为，加快转变经济发展方式，必须增强创新驱动发展新动力，实施创新驱动发展战略。当前我国在经济发展过程中，要素驱动难以为继，投资驱动日显艰难，外贸出口持续疲软，迫切需要转向创新驱动发展战略。并认为创新驱动的增长方式不只是解决效率问题，更重要的是依靠知识资本、人力资本和激励创新制度等无形要素实现要素的新组合，是科学技术成果在生产和商业上的应用和扩散。陈曦（2013）认为，党的十八大报告明确了实施创新驱动发展战略，在这个方针、路线的指引下，选择怎样的路径来完成好这个重大的战略部署，已然成为当前的重大研究课题，并认为在确立创新驱动基本格局下，搭建创新驱动平台，完善创新驱动机制是实施创新驱动发展战略的必由之路。张来武（2013）认为，从经济发展的本质、世界各国经济发展的趋势以及我国全面建成小康社会的要求三个方面来看，我国走创新驱动发展之路的必然性。并认为创新驱动发展的主要特征是以人为本、打造先发优势和企业家驱动，提出要创新改革的形式，更多地依靠诱导性制度变迁来推进改革。施筱勇（2015）认为，依据国际上人均 GDP 高于 17000 美元为标准制定相应政策有很大的局限性。从全球价值链角度来看，总结出持续型创新驱动经济体的三大特征，即高比例的知识资本投资、活跃的创业、高劳动生产率和全要素生产率。

结合创新驱动理论，我国学者从不同角度对战略性新兴产业创新驱动进行了研究。迟梦筠、龚勤林（2015）从加速后发地区发展角度，对战略性新兴产业创新驱动进行了研究。研究发现，后发地区着眼创新与产业发展的有机结合，结合自身资源禀赋、城镇布局和产业基础，实施创新驱动发展战略，培育和发展战略性新兴产业，是形成新的产业增长点，实现内生驱动和后发赶超的重要着力点。立足因地制宜和后发赶超，后发地区培育和发展战略性新兴产业可以从加强政策和规划引导、加快创新人才引进与培养、加强产业园区建设、推动体制机制创新等途径切入。刘晖等（2014）认为，尽管我国战略性新兴产业取得较快发展，但是面临的突出问题依然存在：区域发展不平衡；自主创新投入远低于发达国家水平；企业自主创新意识薄弱，能力不强，还未能成为创新活动的主体；产学研没有有效结合，上游研发和下游产业化开发脱节；创新能力没有完全转化为现实生产力，政府对战略性新兴产业自主创新的政策引导不完善等。由此，在战略性新兴产业发展过程中，要积极更新观念，由依靠要素驱动向依靠创新驱动转变，以创新推动战略性新兴产业的内生发展。

3. 主体创新研究现状。

创新概念的是熊彼特。他认为，所谓创新，是指生产要素的新组合，包括五个方面：采用一种新的产品；采用一种新的生产方法；开辟一个新的市场；掠取或控制原材料或半制成品的一种新的供应来源；

实现任何一种工业的新的组织。简单地概括为产品创新、技术创新、市场创新和组织制度创新。但是，这些创新的主体是企业。

企业是创新主体因为企业是新技术的采用主体，企业是新技术的研发主体，企业是技术创新的投资主体。厄特拜克和阿伯纳西（w. Utterbaek and w. J. Abernathy J.）（2002）认为，技术创新是依靠不同类型的主体企业实现的，产品创新的主体是小规模、以技术为基础、由较强适应能力的企业实现的。渐进型创新的主体则是较大规模的、生产大量标准化产品的大企业实现的。洪银兴（2012）认为，在技术创新上升为科技创新后，企业不只是成为采用新技术的主体，还会主动参与到产学研合作创新的体系中，成为孵化高新技术的一个主体。孙早、宋炜（2013）认为，积极构建以企业为主体、市场为导向、产学研相结合的战略性新兴产业自主创新体系，可大力提升企业创新能力。

（二）研究意义

为贯彻落实党的十八届三中全会精神大力实施创新驱动发展战略，推动产业转型升级，通过调研打开创新产品的黑箱，了解创新产品的现状，解构现有企业创新的过程，对创新产品、推动产业创新升级进行深入研究，探索依靠科技创新推动产品创新、驱动企业可持续成长、促进产业创新升级、结构调整和经济发展方式转变的途径。

同时，随着地区人均收入增加，人们对于新产品、新服务的需求也在不断增长。由于省城乡二元结构和区域经济发展不均衡，这种需求是相当多元化的。从历史发展来看，改革开放的进程使长期计划经济条件下压抑的消费需求得到释放；另外由于对供给的管制逐渐放松，越来越多的企业愿意并能够为普通的消费者生产产品。从世界范围来看，随着全球经济一体化，企业面临的市场环境发生了很大的变化：产品竞争日益激烈，用户需求呈现出多样化的趋势；技术进步促使产品生命周期缩短，缩短企业产品创新的时间，提高创新产品对市场变化的反应能力日益重要。

从以上国内外战略性新兴产业创新驱动的动态来看，要创造新的经济增长点，推动经济结构重大调整，抢占新一轮经济增长的战略制高点，必须创新战略性新兴产业中创新产品的创新。同时，也由于战略性新兴产业总体上仍处于发展的起步阶段，通过创新驱动可使我国在竞争中赢得主动权。就整体来讲，通过创新驱动突破战略性新兴产业的技术瓶颈，是加快产业结构优化升级，提高产业国际竞争力的必经之路。

当然，从既有现状也发现，尽管各国对发展战略性新兴产业中的创新驱动提得较多，但并没有形成具体的创新驱动体系与路径。因此，应系统探究战略性新兴产业发展中创新驱动的理论问题，形成明确、具体的研究创新驱动体系与路径。

对战略性新兴产业发展中创新驱动的理论探索，可肃清战略性新兴产业与创新驱动体系二者之间的变化关系，进一步认识创新驱动对战略性新兴产业发展的作用机理，具有一定理论意义。

对战略性新兴产业发展中创新驱动体系的探究，可以更加完整地认识创新驱动个体之间的协作关系，更加准确地确定战略性新兴产业创新驱动体系要素，为实际战略性新兴产业创新驱动体系建设提供理论借鉴和参考。同时，战略性新兴产业发展中创新驱动体系形成的路径，可为实际创新驱动体系建设的路径提供理论参考和具体的办法，具有一定实践意义。

三、研究思路和方法

（一）研究思路

本书首先对战略性新兴产业和创新驱动体系的概念给予界定，并对战略性新兴产业发展与创新驱动体系的关系进行了分析。其次，本书对战略性新兴产业发展中的创新驱动体系要素、战略性新兴产业发展中的创新驱动演化系统、战略性新兴产业发展中的创新驱动控制策

略进行研究。最后，对战略性新兴产业创新驱动下创新主体及自适应机理、战略性新兴产业创新驱动下创新主体的自适应策略进行研究。研究思路如图 1－1 所示。

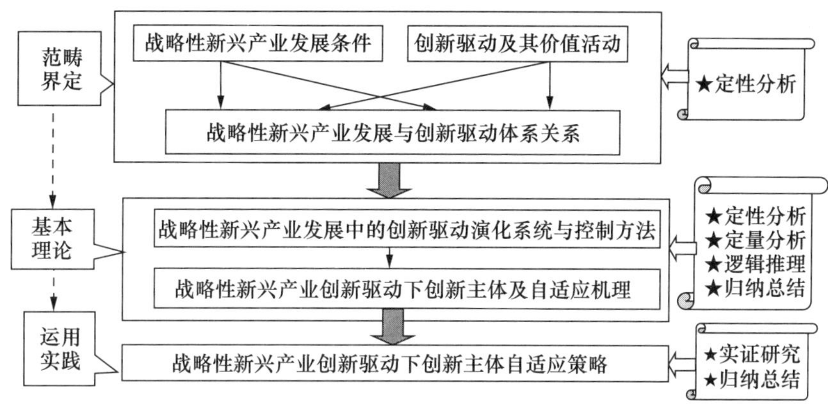

图 1－1 本书研究思路

（二）研究方法

1. 规范分析与实证分析相结合

本书在国内外战略性新兴产业创新驱动的动态基础上，提出了研究的必要性。在借鉴产业集群、战略管理、创新管理、复杂系统、资本积累等基础理论的基础上，规范性分析了战略性新兴产业创新驱动的个体、体系、条件等内容。在实际调研和问卷调查基础上，运用相关统计方法，实证性分析了战略性新兴产业创新驱动的现状与问题，科学地得出战略性新兴产业创新驱动的区域实践策略。

2. 定性分析和定量分析相结合

本书从理论上定性分析了战略性新兴产业和创新驱动的概念，以及战略性新兴产业创新驱动系统演化下的创新主体的重要性。运用了层次分析方法，定量评价了战略性新兴产业创新驱动路径环节的重要性。运用了数理统计方法，定量分析了战略性新兴产业创新驱动下创新主体的自适应现状。

3. 逻辑推理与归纳总结相结合

本书在战略性新兴产业创新驱动系统演化下，逻辑性推出了战略性新兴产业创新驱动体系要素。在战略性新兴产业发展的支持条件和创新驱动价值活动理论基础上，推出了战略性新兴产业创新驱动路径的逻辑。另外，本书在战略性新兴产业创新驱动路径环节的价值评判基础上，归纳性总结了战略性新兴产业创新驱动的路径建设。在战略性新兴产业创新驱动创新主体的自适应现状基础上，归纳性总结了战略性新兴产业创新驱动创新主体的自适应策略。

四、主要创新观点

第一，本书认为，战略性新兴产业是以重大技术突破和重大发展需求为基础，对经济社会全局和长远发展具有重大引领带动作用，知识技术密集、物质资源消耗少、成长潜力大、综合效益好的产业。由于是新兴产业，战略性新兴产业的发展将是不确定的。其主要原因是促进战略性新兴产业发展的相关因素是不稳定的，包括市场需求、关联产业、关键技术、产业竞争、产业政策和辅助产业等方面的不稳定。在创新驱动过程中，创新产品是创新驱动的基础，而创新产品的创新是依靠三个层次实现的：环境层——包括资源禀赋、自然环境、人才环境等；保障层——体现在体制机制保障和转化条件保障，体制机制层保障包括激励机制、协调机制、体制等；核心层——在这个层次中创新投入要素相互融合，在创新主体中自由流动。创新投入要素包括技术、人才、信息、资金等，创新个体包括政府、大学、企业、科技园和中介机构等。

第二，本书认为，创新驱动主要是依靠基本创新活动中的研发、应用、推广和辅助创新活动中组织、管理、服务等环节实现的。同

时，在基本创新活动的研发环节都有辅助活动的组织、管理和服务活动，在基本创新活动的应用环节也有辅助活动的组织、管理和服务活动，在基本创新活动的推广环节有辅助活动的组织、管理和服务活动。创新驱动和战略性新兴产业的实现是密切联系的。主要原因如下：创新驱动有利于战略性新兴产业市场需求扩展；创新驱动有利于战略性新兴关联产业的形成；创新驱动有利于战略性新兴辅助产业的形成；创新驱动有利于战略性新兴产业政策的完善；创新驱动有利于战略性新兴产业范式技术创新；创新驱动有利于协调战略性新兴产业竞争。

第三，本书认为，战略性新兴产业创新驱动是指战略性新兴产业创新驱动个体在面对不确定的技术与市场的环境下，为实现具有产业带动大、成长潜力强的重大技术突破、重大发展需求而形成的创新行为；战略性新兴产业创新驱动的目的主要是实现要素驱动转向创新驱动，实现产业结构转型，提高产业国际竞争力；战略性新兴产业发展中创新驱动的主体是高技术企业，个体主要包括企业、中介机构、政府、研发机构；战略性新兴产业创新驱动面对的是不确定的技术环境和市场环境；战略性新兴产业创新驱动系统是指战略性新兴产业创新驱动个体在面对不确定的技术与市场的环境下，为实现具有产业带动大、成长潜力强的重大技术突破、重大发展需求而形成的演化结构体系，其结构系统包括不确定的外部环境、主要创新个体、主要创新的内容。战略性新兴产业创新驱动演化系统控制要素包括范式技术研发、综合服务系统、工程项目孵化、产业化示范工程、人才政策制度、网络模块联盟等。本书认为，战略性新兴产业创新驱动演化系统控制可使创新驱动个体获得主导设计技术知识信息、可使创新驱动个体获得市场需求信息、可使创新驱动个体获得有效资源，可对战略性新兴产业发展中创新驱动的困境有缓解作用，推动创新驱动的实现。战略性新兴产业创新驱动系统演化有其必然性，因为创新主体为适应产业复杂环境变化将促进创新驱动体系演化系统形成，战略性新兴产业发展的不确定性规定创新驱动系统演化的内容，创新驱动价值活动规定创新驱动系统演化的范围。战略性新兴产业发展中创新驱动必须由新兴资本积累作为条件，主要包括新兴物质资本积累、新兴知识资本的积累、新兴人力资本积累。因为新兴人力资本积累有利于创新型人才、创业型人才、专业型人才的形成；新兴知识资本积累有利于前沿性知识、突破性基础知识和共生性技术知识的形成；新兴物质资本积累有利于先进设备、新材料、新能源、绿色资源的获得。

第四，本书认为，战略性新兴产业创新驱动系统演进正是在隐形新兴知识的吸引性变化下实现的，表现出隐形新兴知识的吸引性演化、关键共性技术的突变性演化是其重要内容、产品应用的分叉性演化。战略性新兴产业创新驱动演化系统控制要素包括范式技术研发、综合服务系统、工程项目孵化、产业化示范工程、人才政策制度、网络模块联盟等。本战略性新兴产业创新驱动演化系统控制可使创新驱动个体获得主导设计技术知识信息、可使创新驱动个体获得市场需求信息、可使创新驱动个体获得有效资源，可对战略性新兴产业发展中创新驱动的困境有缓解作用，推动创新驱动的实现。

第五，本书认为，推动战略性新兴产业发展中创新驱动的主体是高技术企业，个体主要包括企业、中介机构、政府、研发机构。同时，本书认为，创新主体的多样性变异功能促进创新驱动的运行；创新主体的遗传性保存能力推动创新驱动的运行；创新主体的核心优势能力的增强加快了创新驱动的运行；创新主体之间的协同有助于创新驱动的运行。

第六，本书认为，战略性新兴产业创新驱动的主体创新实现的条件主要在六个方面：一是市场需求，二是关联产业支持，三是产业范式技术创新，四是产业竞争环境，五是产业政策的完善，六是辅助产业兴起。

第七，本书认为，战略性新兴产业创新驱动存在的主要问题：人才的培养与引进需进一步加强；品牌产品的创新还有较大差距；产品创新服务平台建设不够；产业链的创新需要进一步关注；产品的创新环境需要进一步改善；企业创新主体地位需要进一步突出。由此，本书根据战略性新兴产业创新驱动路径，提出了相应的策略。主要包括以下内容：建设创新人才队伍；创建产品品牌；推进产业关键技术创新；搭建创新综合服务平台；完善创新驱动机制；制定创新驱动政策体系；强化企业创新主体地位。

五、研究内容和框架

（一）研究内容

1. 战略性新兴产业与创新驱动及关系

本书在借鉴产业经济学和战略管理理论的基础上，首先对战略性新兴产业发展的支持条件进行了研究。其次依次分析了市场需求、关联产业、产业范式技术创新、产业竞争环境、产业政策的完善等是支持战略性新兴产业发展的主要条件。同时，在创新理论基础上，分析了创新驱动的基本创新活动和辅助创新活动，基本创新活动包括研发、应用、推广，辅助创新活动包括组织、管理和服务。为了探究战略性新兴产业发展与创新驱动的关系，分别就创新驱动对市场需求扩展、关联产业的形成、辅助产业的形成、产业政策的完善、产业范式技术创新、产业竞争等战略性新兴产业发展条件的作用给予了证明。以上理论的形成，为揭示战略性新兴产业创新驱动体系和路径奠定了理论基础。

2. 战略性新兴产业创新驱动个体与困境

在借鉴产业集群理论的基础上，本部分对战略性新兴产业发展中创新驱动个体的形成进行了系统分析。分析结论表明，在市场需求和产业技术竞争的环境下，战略性新兴产业发展中创新驱动个体主要包括高技术企业、大学或科研机构、专业供应商、政府和相关的金融投资机构。这一结果的形成，锁定了对战略性新兴产业创新驱动区域实践研究的对象范围。同时，本书根据创新市场和技术的不确定性，提出了战略性新兴产业创新驱动的困境。

3. 战略性新兴产业创新驱动演化系统

本部分主要探索战略性新兴产业创新驱动的体系。本书借鉴了复杂系统理论，揭示了战略性新兴产业创新驱动体系形成机理。顺应此机理，在创新驱动价值活动和战略性新兴产业发展条件的理论基础上提出：技术研发、应用孵化、成果推广、组织联盟、创新驱动服务和管理制度等是构成战略性新兴产业创新驱动体系的基本要素，并进一步分析了创新体系要素有效运行的建议和存在的合理性。战略性新兴产业创新驱动体系演化系统要素的研究，为探索战略性新兴产业发展中创新驱动的路径奠定了直接的理论基础。

4. 战略性新兴产业创新驱动演化系统的条件

为明确有效战略性新兴产业创新驱动实现的条件，本部分借鉴资本积累理论对战略性新兴产业创新驱动的条件进行研究。研究结论初步证明，新兴物质资本积累、新兴知识资本积累、新兴人力资本积累是战略性新兴产业创新驱动成功的支持条件。

5. 战略性新兴产业创新驱动的路径

为系统探究战略性新兴产业发展中创新驱动的路径，本部分在战略性新兴产业创新驱动体系要素基础上构建了战略性新兴创新驱动的路径环节，在实践调研的基础上，运用层次分析方法，对战略性新兴创新驱动路径环节的重要性进行了价值评判，并根据评判结果提出了战略性新兴产业创新驱动的引导策略。同时，依据战略性新兴产业发展的支持条件和创新驱动价值活动理论，分析了战略性新兴产业创新驱动路径形成的理论逻辑，在借鉴优化控制理论的基础上，建立了战略性新兴产业创新驱动路径的优化模型。

6. 基于战略性新兴产业创新驱动的创新主体的自适应能力

本书将根据创新个体对战略性新兴产业发展创新驱动的作用地位探究创新主体。同时，根据创新主体的多样性变异功能、遗传性保存能力、核心优势能力、协同能力对创新驱动运行的作用，揭示创新主

体的自适应能力。

7. 战略性新兴产业创新驱动下创新主体自适应策略

本书将创新在人才的培养与引进、品牌产品的创新、产品创新服务平台建设、产业链的创新需要等方面，探究战略性新兴产业创新驱动下创新主体自适应现状，并根据现状提出创新人才队伍建设策略、创新产品品牌建设策略、产业关键技术创新策略、搭建创新综合服务平台策略、完善创新驱动机制策略、制定创新驱动政策体系策略、强化企业创新主体地位策略。

（二）研究框架

本书框架如图 1－2 所示：

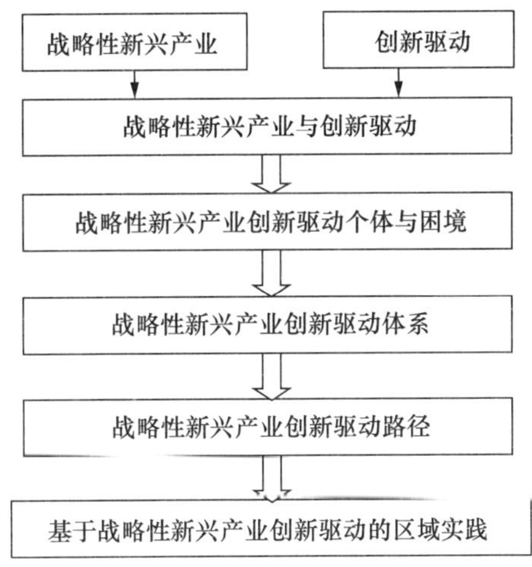

图 1－2　研究框架

第二章

战略性新兴产业与创新驱动

一、战略性新兴产业

战略性新兴产业的含义，既涵盖了“战略”的重大性、长远性和未来性，也涵盖了“新兴产业”新技术、新作用的特征。原中国科技部部长万钢认为，“战略性”是针对结构调整而言的，在国民经济中具有战略地位，对经济社会发展和国家安全具有重大和长远影响，这些产业是着眼未来的，它必须具有能够成为一个国家未来经济发展支柱产业的可能性；“新兴”主要在于技术的创新和商业模式的创新。赵刚认为，战略性新兴产业首先是指在国民经济中具有战略地位，对经济社会发展和国家安全具有重大的和长远影响的行业；其次是着眼未来，必须具有成为一个国家未来经济发展支柱产业可能性。王勇认为，战略性新兴产业指关系国民经济社会发展和产业结构优化升级，具有全局性、长远性、导向性和动态性特征的新兴产业。但是，从优化经济结构、寻找新的经济增长点角度，作为振兴经济的措施，战略性新兴产业是以重大技术突破和重大发展需求为基础，对经济社会全局和长远发展具有重大引领带动作用，知识技术密集、物质资源消耗少、成长潜力大、综合效益好的产业。它要代表创新驱动和产业发展的方向，创新驱动和新兴产业的深度融合。

部分学者对战略性新兴产业整体发展进行了综述，欧阳峣、生延超（2010）从战略性新兴产业发展的动机出发，认为国际金融危机和技术进步催生了产业发展，并对我国培育战略性新兴产业的政策研究进行了文献梳理。部分学者选取战略性新兴产业的某一方面进行探讨，包括产业集群、发展政策、技术创新、金融支持等，由点及面，深入认识战略性新兴产业的发展。冯春林（2011）对我国战略性新兴产业进行的综述，首先明确了战略性新兴产业的概念、内涵，其次探讨了战略性新兴产业发展所必须的条件，并对战略性新兴产业发展政策进行了探讨；曾繁华、彭中、陈曦（2013）对最新的发展政策进行了综述，认为政府、学界、企业界对于战略性新兴产业的发展达成了较多共识，国外发展的先进经验值得学习，金融支持和创新激励须与战略性新兴产业的发展相适应，同时考虑到中国特色的国情，需要处理好政府与市场的关系；施卫东、卫小星（2013）认为产业集群是我国战略性新兴产业发展的首选模式，并从价值链、产业链等多个视角进行分析，试图构建研究的总体框架，最后对相关实证研究的缺失进行了批判。在产业发展政策的研究中，我国部分媒体认为，战略性新兴产业是在国民经济和社会发展的关键领域内，由于科学技术的重大突破性进展所形成的新兴产业，核心技术的突破和应用是战略性新兴产业发展的根本前提。《“十二五”国家战略性新兴产业发展规划》指出，战略性新兴产业是以重大技术突破和重大发展需求为基础，对经济社会全局和长远发展具有重大引领带动作用，知识技术密集、物质资源消耗少、成长潜力大、综合效益好的产业。

由于是新兴产业，战略性新兴产业的发展将是不确定的。其主要原因是促进战略性新兴产业发展的相关因素是不稳定的，包括市场需求、关联产业、关键技术、产业竞争、产业政策和辅助产业等方面的不稳定。例如在市场需求方面，因为新兴产业中的购买者首次购买的是没有统一标准的新产品或新服务，在使用上可能会增大购买者的转换成本，再加上新产品不稳定的产品质量，也会导致市场需求的不稳定。如早期彩色显像管频繁烧毁的现象，使市场需求呈现不稳定；又如在相关产业方面，新兴产业的发展要求出现新供应商、现存供应商增加产出或修改原材料和零部件以满足产业需要的，但是在新兴产业的发展中，这一现象很难被主动满足。例如在早期电子游戏芯片方面，由于原材料供应缺乏致使刚进入这一产业的公司一年多得不到供货的尴尬场景，相关产品的供应具有明显不稳定性。

二、创新驱动及价值活动

（一）创新驱动

马克思在《资本论》等著作中，用“发明”“技术变革”“劳动资料的革命”表达了创新思想。国外一些学者认为创新不仅是一个技术概念，更是内涵丰富、外延广阔的经济概念。如约瑟夫·熊彼特在《经济发展概论》中提出：“创新就是建立一种新的生产函数，把一种从来没有过的关于生产要素和生产条件的新组合引入生产体系”，包括五种情况：采用一种新产品、一种新的生产方法、开辟一个新的市场、获得新的供应来源、实现一种工业的新组织。彼得·德鲁克（1992）认为，创新是赋予资源创造财富的新能力，使资源成为真正的资源。迈克尔·波特（1998）认为，国家竞争优势的源泉在于各产业中的企业活力即创新力。波特提出影响城市竞争力的因素有六方面，包括四大直接因素和两大辅助因素。直接因素就是生产要素，需求条件，相关产业和支持性产业，企业的战略、结构和竞争优劣程度；两大辅助因素是政府作用和机会因素。这六大要素相互作用构成一个动态的激励创新产品形成的竞争环境，即著名的“钻石模型”理论。

创新也是一个系统，库克（2000）就将创新系统模型分为三个层次：第一层次是环境层，包括资源禀赋、自然环境、人才环境等。第二层次为保障层，包括体制机制保障和转化条件保障，体制机制层保障包括激励机制、协调机制、科技体制等。第三层次为核心层，在这层中创新投入要素相互融合，在创新主体中自由流动。创新投入要素包括技术、人才、信息、资金等，创新主体包括政府、大学、企业、科技园和中介机构。

这些研究解决了单纯要素供给不可持续的难题，给经济发展提供了新的增长动力。国内创新研究已从学术讨论、企业操作实践层面上升到国家战略层面。党的十八大报告明确提出“实施创新驱动发展战略”。目前国内对创新驱动的研究重点集中在地区行业的应用探索方面。从本质上来看，创新驱动是一系列活动的交互过程，它源于人们认识到一个基于发明的技术能带来的新市场或新服务的机会，为了运用这一机会获得商业成功，从而进行产品开发、生产、营销、售后服务等一系列活动，凡是涉及产品创新的过程都包含在创新驱动的环节中。创新产品的研究主要集中在创新产品的投入、生命周期研究、创新产品的需求、创新产品的价格探索等方面。创新产品投入以生延超（2008）为代表，他们认为企业的创新投入会随着溢出效应的增强而增加，在宽松知识产权的激励下企业的创新投入会与溢出效应之间达到良性循环，在政府介入技术联盟创新系统的情况下，创新产品补贴方式比创新投入补贴方式更有效，这对政府部门加大创新激励，科学选择创新补贴方式具有重要的指导意义；创新产品生命周期的研究，以彭鸿广、马扬、袁杰等为代表，袁杰（2013）认为中小企业技术创新服务政策体系缺乏阶段针对性，服务机构及政策实施缺乏准确定位，信息及社会资本构建仍不完善等；彭鸿广（2008）认为，生命周期成本在应用中存在的障碍，包括成本计算、政策、态度和认知等方面的障碍；在产品需求方面，以单祥茹、尹成龙为代表，单祥茹（2013）认为，创造产品应满足用户差异化需求。尹成龙（2005）分析了需求的层次、需求的类型以及需求的特点，探讨了识别需求的方法、途径和所需注意的问题，论述了需求分析的方法、手段和重要性，最后给出了需求的产品设计规范所包含内容及一般表达形式。本书认为，在创新驱动过程中，创新产品是为满足用户差异化需求，而进行的质量、外观、功能上的改进。创新产品的创新是依靠三个层次实现的：环境层——资源禀赋、自然环境、人才环境等；保障层——体现在体制机制保障和转化条件保障，体制机制层保障包括激励机制、协调机制、体制等；核心层——在这个层次中创新投入要素相互融合，在创新主体中自由流动。创新投入要素包括技术、人才、信息、资金等，创新个体包括政府、大学、企业、园区和中介机构等。也就是说，创新产品是创新驱动的基础。

（二）创新驱动的价值活动

从价值实现过程来看，创新驱动主要是依靠基本创新活动中的研发、应用、推广和辅助创新活动中组织、管理、服务等环节实现的（见图2－1）。

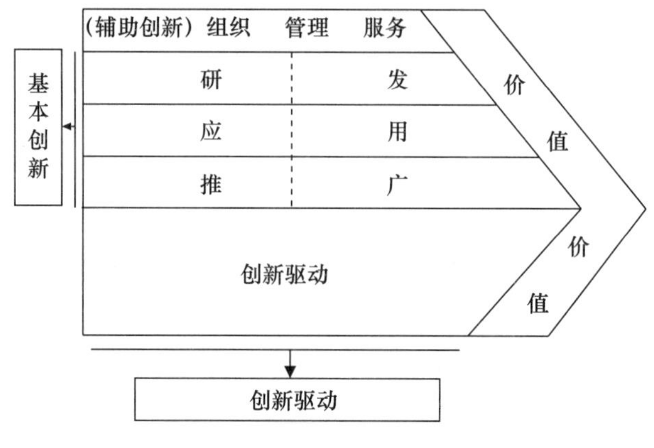

图2－1 创新驱动价值活动

1. 创新驱动基本活动

创新驱动基本活动首先是研发创新。研发创新包括研究和开发两方面的含义。研究意味着新知识的揭示过程，根据领域的不同可分为学术基础研究和工业基础研究，如形成新工艺、新流程的基础研究。开发是通过一系列明确的论证、提炼和商业应用准备阶段寻求产品推进和流程概念的过程。如果研究的目的是揭示新知识，那么开发的目的就是应用科学工程知识，拓展知识，使一个领域的新知识与另一个领域建立联系。但是，在实际的研发活动中，研究和开发往往是结合为一体的，因为在从事研究的企业中，研究必须用创造性开发转换为实际有益的现实，做开发的企业也必须依靠对别人研究成果的灵活应用与创造性开发才能取得成功。就是一心只进行开发的苹果公司，也必须不断收集和巧妙地利用全世界的研究成果来开发新产品。

应用创新是指根据市场需要对研发创新活动所取得的成果进行转化的验证过程。应用创新的实质在于以试验的形式揭示研发创新知识与用户实际需要产品的差别。因此，应用创新必须关注市场需求，把握贴近用户的现实需要和潜在需求，以此提高应用创新效率。围绕市场需求，实际的应用创新活动必须从多方面构筑与需求相适应的创新试验场景，例如产业孵化园区、产业试验基地等。近年我国通信行业推出的“三验”（体验、试验、检验）试点示范场景，就是成功的案例，实现了以需求为导向，以应用创新、成果转化为目的的创新活动。试验场景应用创新园区的建设，可通过有效对接应用创新与研发创新解决目前创新驱动体系里的“两张皮”问题。试验场景里的园区可通过用户俱乐部的形式实现用户与需求的集聚，搭建了一个研发人员、用户、相关企业、政府机构互动的平台，推动了研发创新与应用创新。

推广创新是对应用创新取得的成果进行推广应用的过程。推广创新的实质是对适应市场需求的新产品技术规模化。因此，推广创新必须匹配规模化所需的物质资料。由于推广创新是新技术推广所需要的物质资料，所以，这些资料都是市场中不常见的，其供应量和价格也是不确定的，主要表现为数量少、价格昂贵。为了保证新产品技术规模化的顺利进行，把这些所需要的供应资料集合在特定的场所生产是必要的。例如，我国不同地区成立的经济开发区，就是把新技术推广所需要的物质资料集合起来的典型。通过经济开发区的成立，不仅保证了推广创新所需要的物质资料、相关资源生产企业的市场扩散效益，也让新技术产品成功走向市场。

2. 创新驱动辅助价值活动

创新驱动中的组织活动主要是指对开发、应用及推广的组织。组织的主要目的是提高基本创新活动的效率，实现有限资源的最佳匹配。例如，成立联盟形式，把拥有不同资源、知识和技术的企业、学校和研究机构整合在一起。另外，通过网络组织形式，把具有专业核心能力的研发单位、制造企业和销售企业联系在一起实现资源、知识和技术的整合都是组织的具体形式。

创新驱动中的管理活动主要是指对开发、应用及推广的管理。管理活动的主要目的在于创新一个有利于研发、应用及推广实现的制度，包括人力资源方面、服务平台方面、激励制度方面。因为知识的创新和实现最终是依靠强大的人力资源作保障的，而服务平台的建设可促进创新驱动基本活动的快速实现，激励制度的完善可有效推动创新驱动的实现。

创新驱动活动中的服务活动主要是指对研发、应用及推广的服务。服务的主要目的是节约创新驱动的交易成本。例如，通过完善的服务体系建立，使研发产生的技术和知识有效交易、使成果转化顺利实现、技术得到快速推广，并避免研发、应用及推广业中的市场困境、资金困境、环境困境等问题的出现。

从以上分析可以看出，创新驱动中基本创新活动和辅助创新活动是相互联系的，每一基本创新活动都涉及辅助创新活动。其关系变化可通过表 2－1 表示。

表 2－1　创新驱动基本创新活动和辅助创新活动关系矩阵

辅助创新 / 基本创新	组织	管理	服务
研发	a_{11}	a_{12}	a_{13}
应用	a_{21}	a_{22}	a_{23}
推广	a_{31}	a_{32}	a_{33}

从表 2－1 可以看出，在基本创新活动的研发环节、应用环节、推广环节都有辅助活动的组织、管理和服务活动。

三、战略性新兴产业发展与创新驱动

战略性新兴产业的发展是与创新驱动密切联系的，因为通过创新驱动可以创造出战略性新兴产业发展所需要的条件。

（一）创新驱动有利于战略性新兴产业市场需求扩展

创新产品关键核心技术有利于创新和扩展既有战略性新兴产业的市场需求。例如，节能环保产业关键核心技术创新可大力推行清洁生产和低碳技术，鼓励绿色消费，提高资源利用率，促进资源节约型和环境友好型社会建设。新一代信息技术产业关键核心技术创新，可推进信息技术创新、新兴应用拓展和网络建设的互动结合，提高新型装备保障水平，创新新兴服务业态。生物产业关键核心技术创新，可实现人民健康、农业发展、资源环境保护等重大需求，实现生物资源利用、转基因、生物合成、抗体工程、生物反应器等共性关键技术的推广。

（二）创新驱动有利于战略性新兴关联产业的形成

创新驱动中的强强联合对关联产业的形成有一定促进作用。在创新驱动活动中，是离不产业链上下游强强联合和兼并重组的，由此，对关联产业的形成有一定促进作用。例如，新能源汽车创新驱动的合作，有利于推进新能源汽车及零部件研究试验基地建设，研究开发新能源汽车专用平台，构建产业技术创新联盟，有利于推进相关基础设施建设，支持基础产品企业与应用企业建立创新联盟、创新发展促进中心的形成。

（三）创新驱动有利于战略性新兴辅助产业的形成

创新驱动中的融资体系建设，有利于支持战略性新兴产业发展金融体系的形成。创新驱动中的人才培养，有利于促进战略性新兴产业发展中的教育培训。创新驱动中知识产权体系建设和技术标准的管理，有利于形成规范的技术转化市场。

（四）创新驱动有利于战略性新兴产业政策的完善

创新驱动本身是需要一定的政策落实作保障的。由此，这些政策将有利于战略性新兴产业政策的完善。例如，新能源汽车创新驱动中规定的完善财税激励政策，鼓励新能源汽车消费和使用，就在一定程度上明确战略性新兴产业中的财税金融政策和资金强化政策方面的范围。

（五）创新驱动有利于战略性新兴产业范式技术创新

首先，创新驱动的研发活动有利于促进战略性新兴产业关键核心技术的形成；其次，创新驱动的应用活动有利于战略性新兴产业主导设计技术创新；最后，创新驱动的推广活动有利于共性产业技术创新的实现（见图2－2）。

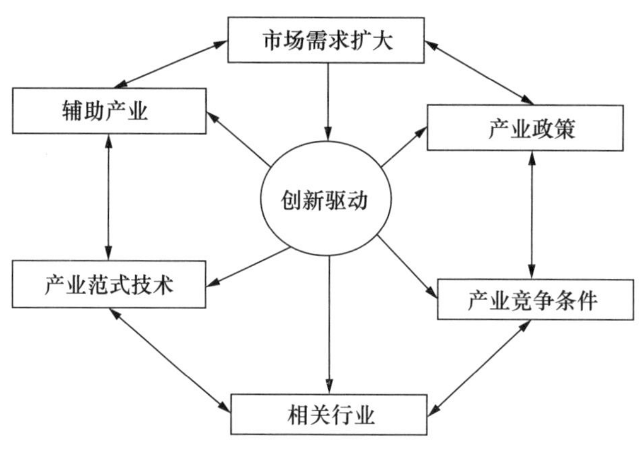

图2－2 创新驱动与战略性新兴产业的发展

（六）创新驱动有利于协调战略性新兴产业竞争

创新驱动组织活动中的联盟形式，可把拥有不同核心资源、知识

和技术的企业、学校和研究机构整合在一起，不仅可以避免一定程度的产业竞争，还以实现新兴产业结构价值最大化。

四、本章小结

本书认为，战略性新兴产业是以重大技术突破和重大发展需求为基础，对经济社会全局和长远发展具有重大引领带动作用。知识技术密集、物质资源消耗少、成长潜力大、综合效益好的产业，由于是新兴产业，战略性新兴产业的发展将是不确定的。其主要原因是促进战略性新兴产业发展的相关因素是不稳定的，包括市场需求、关联产业、关键技术、产业竞争、产业政策和辅助产业等方面的不稳定。

本书认为，在创新驱动过程中，创新产品是创新驱动的基础，而创新产品的创新是依靠三个层次实现的：环境层——包括资源禀赋、自然环境、人才环境等；保障层——体现在体制机制保障和转化条件保障，体制机制层保障包括激励机制、协调机制、体制等；核心层——在这个层次中创新投入要素相互融合，在创新主体中自由流动。创新投入要素包括技术、人才、信息、资金等，创新个体包括政府、大学、企业、园区和中介机构等。

本书认为，创新驱动主要是依靠基本创新活动中的研发、应用、推广和辅助创新活动中组织、管理、服务等环节实现的。同时，在基本创新活动的研发环节、在基本创新活动的应用环节、在基本创新活动的推广环节都有辅助活动的组织、管理和服务活动。

本书认为，创新驱动与战略性新兴产业的实现是密切联系的。主要是因为：创新驱动有利于战略性新兴产业市场需求扩展；创新驱动有利于战略性新兴关联产业的形成；创新驱动有利于战略性新兴辅助产业的形成；创新驱动有利于战略性新兴产业政策的完善；创新驱动有利于战略性新兴产业范式技术创新；创新驱动有利于协调战略性新兴产业竞争。

第三章

战略性新兴产业创新驱动系统

所谓战略性新兴产业创新驱动系统是指在战略性新兴产业发展中创新驱动个体的综合创新活动体系，其体系的形成是建立在战略性新兴产业发展的不确定性和创新驱动价值活动基础上的。明确战略性新兴产业创新驱动系统，有利于确定战略性新兴产业创新驱动路径与策略。

一、战略性新兴产业创新驱动概念

战略性新兴产业创新驱动是指战略性新兴产业创新驱动个体在面对不确定的技术与市场环境下，为实现具有产业带动大、成长潜力强的重大技术突破、重大发展需求而形成的创新行为。

在党的十八大报告中关于加快完善社会主义市场经济体制和加快转变经济发展方式的内容中，第二条就被列为实施创新驱动发展战略。当前，加快转变经济发展方式，必须增强创新驱动发展新动力，是实施创新驱动发展战略的主要目的。因为要素驱动、投资驱动发展战略已不能有效促进我国经济发展。从国际上来看，把人均 GDP 高于 17000 美元的国家划为创新驱动经济体。从全球价值链角度来看，持续型创新驱动经济体是高比例的知识资本投资、活跃的创业、高劳动生产率和全要素生产率（施筱勇，2015）。所以，战略性新兴产业创新驱动的目的主要是实现从要素驱动转向创新驱动，实现产业结构转型，提高产业国际竞争力。

二、战略性新兴产业创新驱动环境

（一）不确定的技术环境

从产品市场需求的角度来看，战略性新兴产业创新驱动面对的是不确定的技术环境。根据产品市场需求具有性能需求、安全需求、经济需求等的变化现象，技术可分为基于产品性能的技术、基于产品安全的技术、基于产品经济的技术等不同类型。同时，介于产品市场需求变化的连续性特征，不同类型的技术之间将表现出彼此承接和转移的特征。例如，从基于性能的技术转移到基于安全的技术，从基于安全的技术转移到基于经济的技术。从不同类型技术的连续更替和周期转移，促进了技术轨迹的演进，并推动了技术不断进步。由此，对于战略性新兴产业创新驱动来讲，面对的是不确定的技术环境。

（二）不确定的市场环境

技术的快速变化，产品生命周期的缩短，使市场具有很大的不确定性，战略性新兴产业创新驱动面对不确定的市场环境。面对环境复杂和不确定性的市场，战略性新兴企业的市场控制能力是非常有限的。因此，通过建立合作关系获得竞争优胜，从而有效控制市场的不确定性就成为企业追踪的策略。在市场不确定性的条件下，战略性新兴企业通过不同形式的合作不仅可获取竞争所需的技术和资源、降低企业资产负债率并提高其资产的灵活性、增强企业的学习能力、分担项目风险与成本，还可以促进产业技术标准的形成。当战略性新兴企业以建立各种合作关系获得这些资源、知识和能力时，市场的不确定性就会得到有效控制。同时，在市场不确定的条件下，新技术的商业化是需要大量补充性资源支持的。战略性新兴企业要想从一项新技术革新中获得经济收益，必须拥有一种能够使其独一无二地将这项革新引入市场的额外资源。这些补充性资源包括分销渠道、服务能力、客户关系、产品提供关系以及补充性产品。当这种补充性资源对其他企业来说是很难得到或复制时，一个产生革新的战略性新兴企业就更可能从它自己的革新当中获得经济收益。因此，为了有效克服市场的不确定性，获得一定经济收益，战略性新兴企业就会通过各种途径获得这些补充性资源，如通过分包、联盟等途径。

三、战略性新兴产业创新驱动系统

战略性新兴产业创新驱动系统是指战略性新兴产业创新驱动个体在面对不确定的技术与市场的环境下，为实现具有产业带动大、成长潜力强的重大技术突破、重大发展需求而形成的演化结构体系。其结构系统包括不确定的外部环境、主要创新个体、主要创新的内容，如图 3－1 所示。

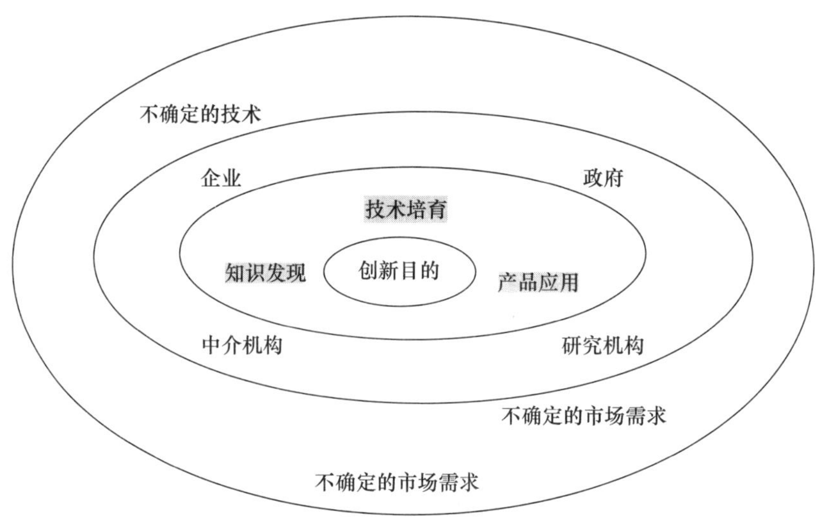

图 3－1　战略性新兴产业创新驱动系统

四、本章小结

本书认为，战略性新兴产业创新驱动是指战略性新兴产业创新驱动个体在面对不确定的技术与市场的环境下，为实现具有产业带动大、成长潜力强的重大技术突破、重大发展需求而形成的创新行为；战略性新兴产业创新驱动的目的主要是实现从要素驱动转向创新驱动，实现产业结构转型，提高产业国际竞争力；战略性新兴产业发展中创新驱动的主体是高技术企业，个体主要包括企业、中介机构、政府、研发机构；战略性新兴产业创新驱动面对的是不确定的技术环境和市场环境；战略性新兴产业创新驱动系统是指战略性新兴产业创新驱动个体在面对不确定的技术与市场的环境下，为实现具有产业带动大、成长潜力强的重大技术突破、重大发展需求而形成的演化结构体系，其结构系统包括不确定的外部环境、主要创新个体、主要创新的内容。

第四章

战略性新兴产业创新驱动系统演化机理

一、战略性新兴产业创新驱动系统演化的必然

(一) 创新主体为适应产业复杂环境变化将促进创新驱动体系演化系统形成

在实际的战略性新兴产业发展过程中，通过对复杂环境的适应而形成的创新驱动体系已广泛呈现。但是，这种现象的出现，在很大程度上是由创新驱动个体具有的主动适应性所致。创新驱动主体的主动适应性主要表现在个体在与外部环境的交互中，随着不同信息的获取，而对自身的结构和行为方式进行相应变更的过程。也就是说，在创新驱动体系主体的形成或发展中，相关企业或其他个体单位，他们都在时刻根据所获得的技术或产品需求信息，来有选择地改变自己的行为与其他个体形成协同，并将协同后获得的资源与自己既有资源结合，去适应战略性新兴产业复杂环境变化的一个客观过程。为此，我们可以得出，在战略性新兴产业发展过程中，企业或相关单位为适应战略性新兴产业复杂环境的变化，将形成协同合作局面，构成作用体系。由此，在战略性新兴产业发展过程中，创新驱动体系的形成往往是因

创新主体为适应产业复杂环境变化而促成的。

（二）战略性新兴产业发展的不确定性规定创新驱动系统演化的内容

创新驱动体系的内容是根据战略性新兴产业发展的不确定性形成的，这些不确定性主要包括市场、技术和创新个体的管理。市场的不确定性，要求创新驱动体系的内容包含产品推广创新和技术应用创新的相关内容；技术的不确定性要求创新驱动体系的内容包含技术研发创新和服务创新的相关内容；创新个体管理的不确定性要求创新驱动体系的内容包含组织联盟创新和管理制度创新的相关内容。

（三）创新驱动价值活动规定创新驱动系统演化的范围

在战略性新兴产业发展中，创新驱动体系的要素范围是根据创新驱动价值活动确定的。因为创新驱动体系在本质上是关于创新驱动价值活动的系统表现，创新驱动的每一价值活动是可以成为创新驱动体系中的要素之一。

二、新兴资本积累与战略性新兴产业创新驱动系统演化

20 世纪 90 年代以来，以 Romer（1990）、Grossman 和 Helpman（1991）、Aghion 和 Howitt（1992）为代表的以研发为基础（R&D－based）的内生增长理论认为资本积累和创新是相互作用的，并极力主张这一作用是推动经济增长的根本原因。同时，Philippe Aghion 和 Peter Howitt（1998）也认为，从长期来看，增长率会同时受到从事研发激励和进行资本积累的机理作用。而 Agion 和 Howitt 认为，资本积累

和研发创新是融为一体的，资本积累与研发创新具有动态互补性，具体表现在更多资本将通过提高均衡利润而刺激创新，更多创新也将通过提高产出增长率而激励资本积累。由此，本书认为，战略性新兴产业发展中创新驱动必须有新兴资本积累作为条件，主要包括新兴物质资本积累、新兴知识资本积累、新兴人力资本积累（见图4-1）。因此新兴人力资本积累有利于创新型人才、创业型人才、专业型人才的形成；新兴知识资本积累有利于前沿性知识、突破性基础知识和共生性技术知识的形成；新兴物质资本积累有利于先进设备、新材料、新能源、绿色资源的获得。

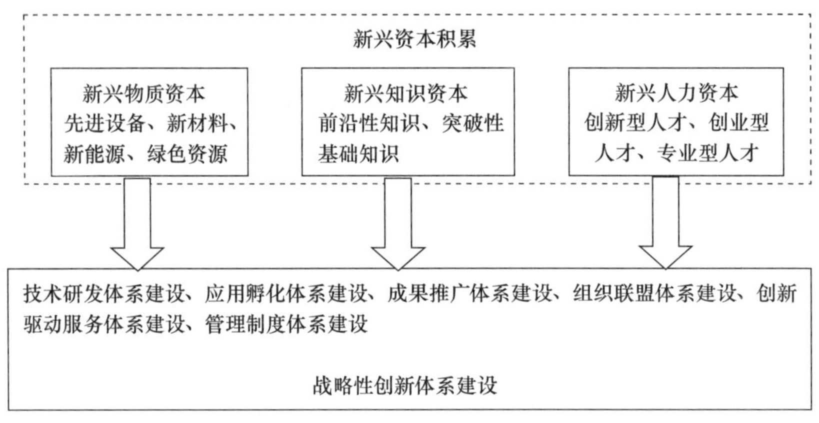

图4-1 战略性技术创新体系建设与新兴资本积累的作用过程

对新兴资本的研究最早可追溯到哈罗德、多马。他们认为资本是唯一决定经济增长的因素，并强调了新兴物质资本积累对经济增长的作用。英国经济学家斯科认为，新兴人力资本和新兴知识等资本的投资是经济增长的决定性因素。卢卡斯、舒尔茨和贝克尔等，着重解释了新兴人力资本作为内生变量，促进经济长期的现象。由此，从促进经济增长的角度来看，资本可分为物质资本、人力资本和知识资本。而新兴资本是指能够促进经济增长的新兴物质资本、新兴人力资本、新兴技术资本。

由此，本书认为，新兴资本可以分为新兴人力资本、新兴知识资

本和新兴物质资本。新兴人力资本主要有创新型人才、创业型人才、专业型人才；新兴知识资本主要有前沿性知识、突破性基础知识和共生性技术知识；新兴物质资本主要有先进设备、新材料、新能源、绿色资源等（见图4－2）。

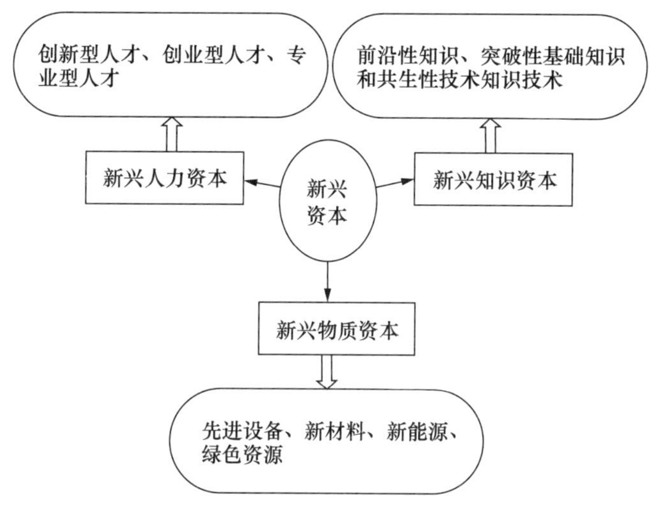

图4－2　新兴资本的范围

（一）新兴物质资本积累与战略性新兴产业创新驱动系统演化

依靠新兴物质的运用，推动经济发展在当今已经是处处可见。因为新兴物质资本的运用不仅可以提高生产效率，还可以实现环境的最低污染。从实际的运用途径来看，新兴物质资本主要包括先进设备、新材料、新能源、绿色资源等，使用的高效率和环境污染低是其显著特征。

新兴物质资本积累主要是通过一定劳动、资源和技术的投入形成的，新兴物质资本积累在本质上是一种帕累托最优表现，理顺不同企业中的生产和交换通道，实现生产效率和交换效率的帕累托最优。当然，外部公共政策的支持，如政府税收减免政策，将直接减少企业创新成本的支出，也有利于新兴物质资本的积累。但是，当新兴物质资本得到积累后，将推动战略性技术创新的实现。

首先，当新兴物质资本存量增加时，如新兴计算机、新兴科学仪器、新兴实验设备资料等的积累，将导致新兴物质资料使用的替代性增加，由此，可为战略性技术创新活动提供物质上的支持。其次，当新兴物质资本存量增加时，用于战略性技术创新的速度和准确率必将得到提高，将导致用于创新成本上升的比例小于研发资金支出率上升比例，也因此小于创新收益上升比例，并获得利润。

（二）新兴知识资本积累与战略性新兴产业创新驱动系统演化

就当今经济发展的动力来看，新兴知识的运用具有显著作用。这些新兴知识主要包括前沿性知识、基础知识和共生技术知识。前沿性知识的产生主要来源于交叉学科的融合，基础知识主要来源于专业学科领域，共生技术知识主要来源于产业的发展。当然，这几方面是有联系的，专业领域的基础知识决定交叉学科前沿知识的深度，前沿知识的深度又决定产业共生技术知识的领先。

新兴知识资本积累主要来源于企业的创新活动中。因为新兴知识的存在是企业发展的前提，也就是说，企业的发展是建立在新兴知识资本积累基础上的。具体来看，在企业创新过程中的边学边干（Learning by Doing）是产生新知识的主要原因，而边学边干普遍存在于各个厂商的投资中（Arrow，1962），即企业创新投资的增加也会促进其新兴知识存量的相应增加。其次，企业创新网络联盟也推进了新兴知识资本的积累与储备。例如，Malerba 等学者认为，企业创新是一个包含在众多行为者当中，以创造和交换与创新有关的知识及其商业化为目的的一种系统性交互作用过程，其中，企业、其他参与者、网络、需求、制度、新兴知识基础和技术特性是其主要要素（Malerba，2006）。这一途径主要体现在两方面：一是企业创新网络联盟成员通过把吸收来的知识与自己已有的知识进行综合，获得新兴知识；二是企业创新网络联盟成员直接是新兴知识的创造者。

但是，当新兴知识资本存量增加时，以企业为核心的网络创新联盟将获得更多有用知识，并推动战略性技术的创新。例如，通过与供应商联盟获得的知识，有利于企业把握上游产业中的信息，为企业获取高质量产品原材料提供帮助。通过与下游销售商联盟，有利于企业了解市场需求状况，由此，在获得创新有用的知识的同时，还可降低创新驱动的成本费用，推进创新驱动的实现。

（三）新兴人力资本积累与战略性新兴产业创新驱动系统演化

从当今人力资本推动经济发展的状况来看，新兴人力资本主要体现在创新型人才、创业型人才和专业型人才方面。创新型人才是指掌握产业发展前沿知识的人才。创业型人才是指掌握新技术产业化的人才，他们是技术产业化管理的尖端人才。专业型人才是指行业中具有专业技术技能的人才。

新兴人力资本积累主要来源于生产中的培训和社会的教育水平。新兴人力资本积累是与社会的投入有密切联系的。例如，卢卡斯认为，新兴人力资本的增长率与人力资本生产过程的投入产出率、社会平均的和私人的人力资本在最终产品生产中的边际产出率正相关，与时间贴现率负相关（卢卡斯，1988）。

但是，在当新兴人力资本得到积累后，将促进创新驱动活动的广泛开展。例如，通过新型生产组织的培训和激励作用，提高人的基本素质，使之能掌握和应用日益先进、复杂的生产技术，产业创新活动中模仿者的数量也会增加，增加高技术扩散群体数量和研发创新所要分散到的部门数量，进而为技术创新联盟活动、技术产业化创新活动、核心技术创新活动、生产服务创新活动奠定人力资源优势。当新兴人力资本存量增加时，分散在本地经济活动中的技能供应将增加，由此可带动创新驱动中的技术研发、应用孵化、成果推广、组织联盟、创新驱动服务、管理制度的实现。

从以上分析可以看出，新兴资本的积累将会促进创新驱动活动的实现。具体来讲，新兴物质资本积累将促进创新驱动中的技术研发、应用孵化、成果推广、组织联盟、创新驱动服务、管理制度等的广泛开展；新兴知识资本的积累可使创新驱动中的技术研发、应用孵化、成果推广、组织联盟、创新驱动服务、管理制度活动获得有用的知识；新兴人力资本积累，可为技术研发、应用孵化、成果推广、组织联盟、创新驱动服务、管理制度活动奠定人力资源优势。

三、本章小结

本书认为，战略性新兴产业创新驱动系统演化有其必然性，因为创新主体为适应产业复杂环境变化将促进创新驱动体系演化系统形成，战略性新兴产业发展的不确定性规定创新驱动系统演化的内容，创新驱动价值活动规定创新驱动系统演化的范围。本书认为，战略性新兴产业发展中创新驱动必须有新兴资本积累作为条件，主要包括新兴物质资本积累、新兴知识资本的积累、新兴人力资本积累。因为新兴人力资本积累有利于创新型人才、创业型人才、专业型人才的形成；新兴知识资本积累有利于前沿性知识、突破性基础知识和共生性技术知识的形成；新兴物质资本积累有利于先进设备、新材料、新能源、绿色资源的获得。

第五章

战略性新兴产业创新驱动系统演化过程

一、隐形新兴知识的吸引性演化

在战略性新兴产业创新驱动系统演化过程中，首先变现出隐形新兴知识的吸引性演进。吴晓波认为，在技术范式的转变时期，隐形知识的作用更为明显。他认为，从技术角度来看，技术进步不仅是通过参加某一活动共享的公共部分的开发和利用进行着，而且通过知识的秘密、局部、不可言传、企业专有、积累的形式进行着，通过隐性知识的逐步显性化才能实现知识的创新。但是，成为具有产业范式效益的战略性新兴产业创新驱动系统中的隐形知识具有显著的新兴特征，即具有对国民经济社会发展和产业结构优化升级，具有全局性、长远性、导向性和动态性特征（王勇，2010）。由此，隐形新兴知识是战略性新兴产业创新驱动系统演进中的知识要素。

隐形新兴知识是推进战略性新兴产业创新驱动系统演进的主要知识。而根据 Christensen 的研究，具有产业带动的破坏性技术知识，最早是不容易被发现的，大多存在于狭窄缝隙市场的需求中，主要包括非消费行为的市场需求、永不满足的消费者市场需求以及质量太好的产品或服务市场需求。由此，战略性新兴产业创新驱动系统演进中的隐形新兴知识主要存在于狭窄缝隙市场需求。

根据 Christensen 的研究，狭窄缝隙市场需求中的隐形新兴知识具有强大的自我控制力，在自己的周围划分出了一定的“势力范围”，凡是以那个范围内的点为初始而开始的轨道都趋向于该吸引子。同时，根据 Prahalad 和 Hamel 的核心竞争力理论，为获得市场竞争能力，一切组织都将主动探索和接受隐形新兴知识，进入隐形新兴知识的控制域。也就是说，既有组织在知识的探索过程中将被迫进入隐形新兴知识的市场控制域，并有被隐形新兴知识的吸引子吸引的可能。所以，战略性新兴产业创新驱动系统演进中的主体将被迫靠近隐形新兴知识，被隐形新兴知识的吸引力牵引。

就隐形新兴知识的产生来看，具有明显的吸引子存在。因此，隐形新兴知识是一个有目的的系统。所谓目的，就是在给定的环境中，系统只有在目的点或目的环上才是稳定的，离开了就不稳定，系统自己拖到点或环才肯罢休。而耗散结构理论认为，一切存在吸引子的系统，在演化过程中均表现出“不达目的不罢休”的行为特征。所以，随着隐形新兴知识的积累性变化必将以目的性演进进行。而已经进入隐形新兴知识控制域的组织，将建立起适应目的性演进的知识创新体系。由此，本书认为，战略性新兴产业创新驱动系统演进正是在隐形新兴知识的吸引性变化下实现的。

二、关键共性技术的突变性演化

在战略性新兴产业创新驱动系统演化过程中，关键共性技术的突变性演化是其重要环节。关键共性技术是能够在多个行业或领域广泛应用，并对整个产业或多个产业产生影响和瓶颈制约的技术。就产业发展来看，专用技术的基础作用是明显的，但是其市场带动作用有限。而关键共性技术可使产业等产量曲线发生根本性转移，实现全要素生产率的迅速增长，具有明显的产业带动作用和市场驱动效应。

根据 Cristiano Antonelli 的技术变迁演进理论，主要的根本性突破技术则是导致关键共性技术得以产生的重要原因。根据 Christensen 的破坏性技术创新理论，主导既有产业技术的大企业之所以会失败，是因为具有更加灵活变化的小企业进行了破坏性技术创新。因为破坏性技术给市场带来了与以往截然不同的价值主张，因而基于破坏性创新的产品通常价格更低、性能更简单、体积更小，更加方便消费者使用。晶体管相对于真空管就是一种破坏性技术。所以，就关键共性技术的变化看，正是因为不间断的破坏性技术创新带来了市场需要的产品，驱动了市场供给侧效应，让关键共性技术在产业发展中表现出明显的涨落变化。同时，Christensen 认为，破坏性技术是与价值网相联系的。他认为，破坏性技术在侵入成熟价值网之前首先是在新兴价值网内商业化。破坏性技术的出现和发展都是在一个内部价值网内沿着自己独特的既定轨道进行。如果当它发展到一定水平，并且满足了另一个价值网所要求的性能和特性时，破坏性技术就能以极快的速度侵入这个网络，并淘汰这项成熟的技术。因此，就关键共性技术的发展来看，在价值网络出现变迁时，关键共性技术的应用就会出现突跳现象。

从以上分析还可得出，成功战略性新兴产业创新驱动系统演化的认定，可通过图 5－1 中关键共性技术的突跳变化过程来判断。在图 5－1 中，假定 Z 为战略性新兴产业创新驱动轨迹面，T 和 M 为促使新战略性新兴产业创新驱动轨迹裂变的两个控制变量，即关键共性技术和需求市场，Δ 为关键共性技术轨迹变化的变量。由此，Z = F（T、M），其中，T（T1、T2、T3、…、Tn），M（M1、M2、M2、…、Mn）。在当关键共性技术与市场需求匹配，既有产业中的关键共性技术边际效益递增时，Δ >0，技术范式轨迹的变化稳定；当关键共性技术与市场

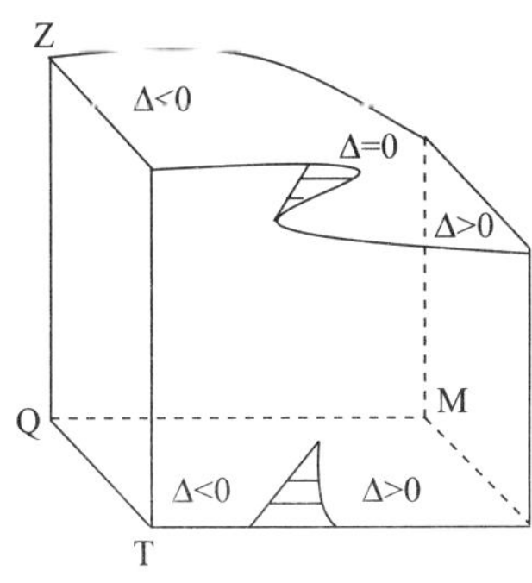

图 5－1　关键共性技术的突跳

需求不匹配，产业中的产品技术边际效益与边际成本相等时，$\Delta=0$，技术范式轨迹趋于临界稳定；当新的关键共性技术与市场需求完全结合，既有产业中的技术范式出现边际效益递减时，$\Delta<0$，此时，战略性新兴产业创新驱动轨迹断裂，进入新的战略性新兴产业创新驱动轨迹。

三、产品应用的分叉性演化

当战略性新兴产业创新驱动轨迹发生转移，产品技术进步的意义被重新定义后，聚集在原有战略性新兴产业创新驱动轨迹下的企业价值网络将被新企业价值网络取代，形成新的供应商和分销商价值网络。因为就本质来看，技术范式轨迹发生转移必然带来新的有价值的产品，而新的有价值的产品体系结构组合排序必然不同于原有产品结构体系的排序。但就企业的存在来看，它们往往是嵌套在某一特定的产品结构体系中，它们的活动通常会作为一个组成部分以某种方式被分级装入或使用在共生产品的价值活动中，并最终从属于完整的产品共生应用系统。所以，在完整的产品体系结构中，总是嵌套着不同企业的价值活动，并组成有效的价值网络。由此，当战略性新兴产业创新驱动轨迹发生转移，产品体系构架或排序发生变化时，嵌套在产品构架中企业的价值活动必然裂变。

但是，在当战略性新兴产业创新驱动突变到新的轨道上时，新的产品体系构架或排序将产生，并形成新的价值链关系和新的价值供求体系以及新的分层价值活动区间，并有效推进战略性新兴产业创新驱动的产品分叉性扩散演进。之所以会出现这一现象是因为在技术范式转移后，通常会存在新技术范式轨迹上的产品价值体系带来的用户价值不仅会超过市场上现有技术本身能带来的价值，还能够给消费者提供总体上更大的价值，例如，既有用户规模带来的技术价值（可降低转换成本）和存在配套产品带来的技术价值，使得客户越来越不愿意为功能不可靠性的改进支付更高的价格，那些能够更好、更方便地满

足客户需求的供应商才能获得消费者的青睐。而依附于产品体系结构的价值网络是通过与其相关辅助产品的作用实现的。相关辅助产品的形成是建立在战略性新兴产业创新驱动主导产品要求下，其中包括相关辅助产品形成的数量和形成的秩序。就形成数量来看，由于支持战略性新兴产业创新驱动技术主导构架产品价值的实现通常是依靠上下相互作用的产品链达成的。因此，就其支持战略性新兴产业创新驱动系统演化的网络价值企业的数量变化可以看成是 2 倍式的数量增长。就形成秩序来看，由于主导产品的内在要求，让支持主导产品价值实现的重要辅助产品得以优先利用，让最适合主导产品要求的辅助产品靠前，也让最适合靠前辅助产品价值实现的辅助产品紧随其后。所以，本书认为，在战略性新兴产业创新驱动系统演化过程中，产品应用的分叉性演化是其重要部分。

四、本章小结

本书认为，战略性新兴产业创新驱动系统演进正是在隐形新兴知识的吸引性变化下实现的，表现出隐形新兴知识的吸引性演化；同时，在战略性新兴产业创新驱动系统演化过程中，关键共性技术的突变性演化是其重要内容；最后，在战略性新兴产业创新驱动系统演化过程中，产品应用的分叉性演化是其重要部分。

第六章

战略性新兴产业创新驱动系统演化控制

一、战略性新兴产业创新驱动系统演化控制要素

从前文分析来看，战略性新兴产业创新驱动的演化是在创新驱动价值活动的推动下形成的。因此，完整的战略性新兴产业驱动创新演化系统主要结构如下：不确定的市场需求、不确定的技术；创新驱动价值活动的研发、应用、推广、组织、服务、管理等；战略性新兴产业创新驱动演化系统控制要素包括范式技术研发、综合服务系统、工程项目孵化、产业化示范工程、人才政策制度、网络模块联盟等（见图6－1）。

（一）基于研发价值活动的技术范式研发

从产业角度来看，技术是可理解能够给产业经济带来最大潜力，并对社会有综合效益的基础性通用知识和应用性产业技术。但是，不论从哪方面解释，产业技术都具有两方面的突出特点：一是具有产业共生性，即技术应用领域广阔，能促进多种产业的发展，通过“技术乘数”的作用，提升产业结构的层次和水平。二是具有产业范式性，即该技术一旦形成，就成为相关产业技术开发的主要参照，具有良好

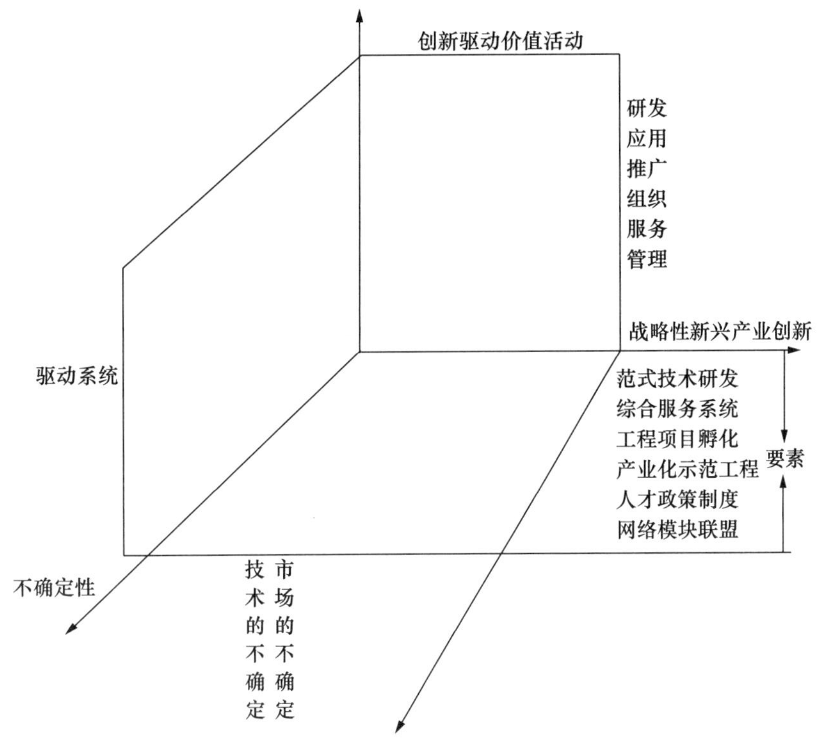

图 6-1　战略性新兴产业创新驱动演化控制

的经济技术效益，能够带动一批产业的兴起。所以，在战略性新兴产业发展中，要让产业创新有良好的经济技术效益和强有力的产业带动效力，必须以突破产业范式技术研发为重点进行创新活动。

从战略性新兴产业创新驱动的特征来看，技术范式研发可包括产业关键范式核心技术研发、产业专业基础范式技术研发、产业交叉前沿性范式技术研发。从其关系上看，专业领域的基础范式技术决定交叉学科前沿范式技术的深度，前沿知识的深度决定产业关键核心范式技术是否领先。

（二）基于服务价值活动的综合服务系统

在战略性新兴产业发展中企业的创新驱动是离不开服务的。例如，有利于技术交易的信息服务、知识产权交易的信息服务等，有利于促进产业技术创新的运作效率。战略性新兴产业发展中的服务活动是指根据创新驱动辅助价值活动需要，结合研发、应用和推广活动构成的服务过程。基于战略性新兴产业辅助行业发展的不确定性，实际的创新驱动服务可包括科技服务、商务服务、现代物流服务、环境服务。科技服务可包括技术交易服务、知识产权交易服务、成果转化服务、研发服务；商务服务主要包括信息服务、创业服务、人力资源服务、投融资和管理咨询服务等；现代物流服务主要包括产业运输、仓储、装卸、包装；环境服务主要包括环境技术服务、环境咨询服务、污染治理设施运营管理、废旧资源回收处置、环境贸易与金融服务、环境功能及其他环境服务六类。

目前，我国已经基本形成了以商务服务、现代物流服务、环境服务为代表的服务业，这些机构有些是民营性质的，有些是地方政府资助的，它们共同构成了我国战略性新兴产业创新驱动中的服务体系。

（三）基于应用价值活动的工程项目孵化

战略性新兴产业创新驱动的应用活动是指把适宜产业发展的技术进行应用的过程。介于战略性新兴产业的技术是新技术，技术上应用的资源是稀缺的，再加上新技术在市场中获利的不确定，如果再得不到广大企业的主动推广，技术应用的速度将延缓。由此，成立以专门的重大项目孵化体系或新兴项目孵化是必要的。因为这样可以快速获得战略性新兴产业创新驱动资源，提高创新驱动的速度。

就实际情况来看，战略性新兴产业创新驱动的应用孵化创新包括重大工程孵化区和新兴项目孵化区。重大工程孵化区是指促进重大产业工程项目的技术开发、工程化、标准制定、市场应用等的要素整合活动和技术集群活动，以实现重大工程的突破。新兴项目孵化区是对新技术开发下的要素整合活动和技术集群活动，以实现新技术的突破。

（四）基于推广价值活动的产业化示范工程

由于战略性新兴产业创新驱动的创新是在新兴技术的基础上实现的，产业中的企业还没有积累起相关技术、资源，也没有形成稳定的产业技术推广链条。由此必然会给技术创新的广泛应用带来影响，仅仅凭借企业的主动性，是难以实现产业带动作用的。所以，推进重大技术成果产业化，加大实施产业化示范工程力度，积极推进重大装备应用，建立健全科研机构、高校的创新成果发布制度和技术转移机构，促进技术转移和扩散，构建区域战略性新兴产业示范工程是实现重大关键核心技术产业化的重要途径。当然，这一结果还必须建立在强大的区域产业集聚效力上，依托具有优势的产业集聚区，这样一批创新能力强、创业环境好、特色突出、集聚发展的战略性新兴产业示范基地的辐射带动作用才能实现。所以，在战略性新兴产业创新驱动过程中，强化成果产业化是必要的。

战略性新兴产业创新驱动成果推广活动是指根据产业发展市场需求和创新驱动任务而形成的推广过程。基于战略性新兴产业市场需求的不确定性，有针对性地开创适应于狭窄市场需求的产业示范区或创业示范区具有重要作用。对于较成熟的需求市场，则可建立产业辐射区，快速推进成果产业化。

由此，实际战略性新兴产业创新驱动的成果推广可由产业示范区、产业辐射区、产业创业区等组成。产业示范区是促进对技术转移和扩散、加速成果转化为现实生产力的产业化示范园区；产业辐射区是实现区域经济增长辐射带动作用的产业园区；产业创业区是实现产业技术成果的中小企业园区。

（五）基于管理价值活动的人才激励制度

战略性新兴产业创新驱动制度管理活动是根据产业发展配套政策的需要对研发、应用和推广活动进行的制度安排。从战略性新兴产业创新驱动配套政策的不确定性和产业发展条件来看，可在创业服务平台、人才队伍建设、政策激励制度等方面予以强化。创业服务平台制度的强化，可保障新产业发展中创业的服务平台建设。人才队伍建设制度的强化有利于推进产业发展中人才队伍的供给和储备。激励政策制度的建立可解决企业技术研究开发的优惠政策，从实质上激励企业技术创新。

因此，战略性新兴产业创新驱动制度管理主要包括创业服务平台管理、人才队伍建设管理、政策激励制度管理。创业服务平台管理是促进中小企业创新发展的产业集聚区公共技术服务平台。人才队伍建设有利于推进产业合理发展的人才队伍形成管理。政策激励制度管理主要涉及企业技术研究开发费用加计扣除、高新技术企业所得税减免、技术交易税收优惠等税收激励政策，积极落实政府支持自主创新产品“首台套”采购政策，鼓励和支持企业技术创新和成果产业化政策激励制度。

（六）基于组织价值活动的网络模块联盟

从战略性新兴创新驱动来看，要实现产品稳定并有发展前景的市场需求，把握市场需求，寻求市场需求的主导产品设计是必要的。但在战略性新兴产业创新驱动中，企业是直接接触市场需求变化的主体，为了适应市场需要，企业总是开发出适应市场需要的技术，快速设计出适应市场需要的产品。同时，在战略性新兴产业创新驱动中，面对产业发展中的重大技术，建立产业技术创新联盟是必需的，因为产业技术创新联盟可集约联盟中主体的知识、技术和资源，实现重大技术突破。由此，在战略性新兴产业发展过程中，建立组织联盟是必需的。

从战略性新兴产业创新驱动的不确定性和产业发展的实际条件来看，在研发方面，可成立由骨干企业牵头组织、科研机构和高校共同参与形成的组织联盟；在应用方面，则可成立以促进技术转移和扩散，加速成果转化为现实生产力的技术推广价值链联盟；对于推广，可成立以技术开发、工程化、标准制定、市场应用等的要素单位和技术单位组成的活动工程模块组织联盟。

由此，实际战略性新兴产业创新驱动组织联盟主要有产品链联盟、研发网络联盟、工程模块联盟。产品链联盟是指促进技术转移和扩散，加速成果转化为现实生产力的产品创新价值链联盟；研发网络联盟主要是指以骨干企业牵头组织、科研机构和高校共同参与形成的产业技术创新联盟；工程模块联盟是指为促进重大产业工程项目的技术开发、工程化、标准制定、市场应用等的要素单位和技术单位以活动模块的形式形成的工程创新联盟。

二、战略性新兴产业创新驱动系统演化控制路径

从前面分析可知，创新驱动活动体系总体目标的实现是建立在范式技术研发、综合服务系统、工程项目孵化、产业化示范工程、人才政策制度、网络模块联盟等战略性新兴产业创新驱动的活动要素上。分层主要结构如下：促进范式技术研发的关键核心技术、专业基础技术，交叉前沿技术；促进工程项目孵化的专门重大项目孵化体系、新兴孵化项目；促进产业化示范工程的产业示范区、产业辐射区、产业创业区；促进网络模块联盟的研发网络联盟、技术推广价值链联盟、工程模块联盟；促进综合服务系统的科技服务、商务服务、现代物流服务、环境服务；促进人才政策制度的人力资源、创业服务平台和激励制度建设。由此，战略性新兴产业创新驱动活动的层次结构如图6－2所示。

为了使评判过程定量化，结合萨蒂的1～9标度量化含义，在专家访问的基础上，本书对战略性新兴产业发展中创新驱动活动的权重进行了分析。萨蒂的1～9标度量化表是把思维判断数量化的一种办法，因为人们在区分事物性质差别时，习惯用相同、较强、强、很强、极强。再进一步细分时，还可以在相邻二级中插入折中的办法，这样就形成了9级。萨蒂1～9标度的定义如表6－1所示。

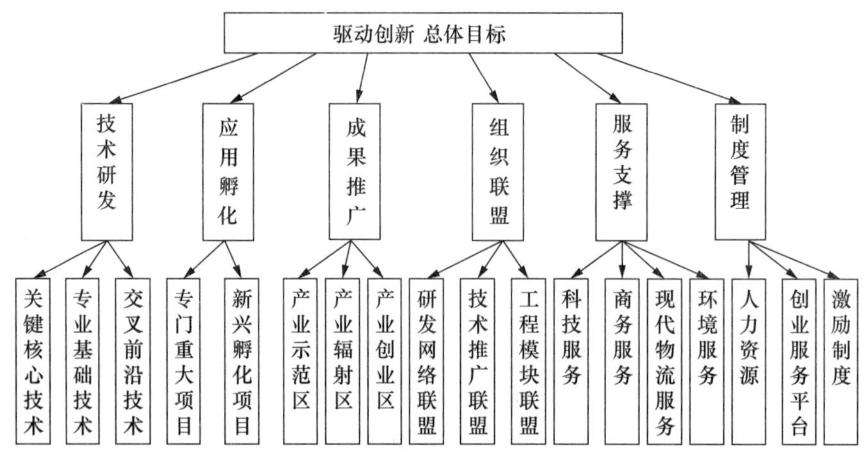

图 6－2　战略性新兴产业发展中创新驱动演化系统的层次结构

表 6－1　萨蒂的 1～9 标度及其含义

B_i 与 B_j 相比，B_i 与 B_j 同等重要	1
B_i 与 B_j 相比，B_i 比 B_j 稍微重要	3
B_i 与 B_j 相比，B_i 与 B_j 同等重要	1
B_i 与 B_j 相比，B_i 比 B_j 明显重要	5
B_i 与 B_j 相比，B_i 比 B_j 极端重要	9
B_i 与 B_j 相比，重要性在 B_i 与 B_j 之间	2、4、6、8
两因素之比，若前者对后者有上述取值，则后者对前者取其倒数	$B_{ji}=1/B_{ij}$

（一）促进创新驱动总体目标的结果

根据战略性新兴产业发展中创新驱动体系评价的层次结构，在专家访问的基础上，结合萨蒂的 1～9 标度及其含义，促进创新体系评价总体目标实现要素之间相对重要性比较。

因此，创新体系评价总体目标实现要素的评判结果如下：范式技术研发 0.3，工程项目孵化 0.11，产业化示范工程 0.2，网络模块联盟 0.08，综合服务系统 0.11，人才政策制度 0.2。

（二）范式技术研发的评判

相对范式技术研发体系，三种要素的评判结果为：关键核心技术0.5，专业基础技术0.2，交叉前沿技术0.3。

（三）工程项目孵化的评判

相对工程项目孵化体系，两种要素的评判结果为：专门重大孵化项目0.6，新兴孵化项目0.4。

（四）产业化示范工程的评判

三种要素的评判结果为：产业示范区0.5，产业辐射区0.3，产业创业区0.2。

（五）网络模块联盟的评判

三种要素的评判结果为：研发网络联盟0.5，技术推广价值链联盟0.3，表示工程模块联盟0.2。

（六）综合服务系统的评判

相对综合服务系统体系，四种要素的评判结果为：服务0.5，商务服务0.4，现代物流服务0.1，环境服务0.2。

（七）人才政策制度的评判

三种要素的评判结果为：人力资源0.3，创业服务平台0.2，激励制度0.5。

（八）战略性新兴产业创新驱动演化系统评价量表

根据以上评判结果，可形成以下战略性新兴产业创新驱动系统评判量表（见表6－2）。

表6－2 战略性新兴产业创新驱动活动评判量表

总目标	路径	权重	环节	权重
创新体系总目标	技术研发	0.3	关键核心技术	0.5
			专业基础技术	0.2
			交叉前沿技术	0.3
	应用孵化	1.11	专门重大孵化项目	0.6
			新兴孵化项目	0.4
	成果推广	0.2	产业示范区	0.5
			产业辐射区	0.3
			产业创业区	0.2
	组织联盟	0.08	研发网络联盟	0.5
			技术推广价值链联盟	0.3
			工程模块联盟	0.2
	服务支撑	0.11	科技服务	0.5
			商务服务	0.4
			现代物流服务	0.1
			环境服务	0.2
	制度管理	0.2	人力资源	0.3
			创业服务平台	0.2
			激励制度	0.5

根据战略性新兴产业创新驱动活动评判量表，可形成以下战略性新兴产业发展中创新驱动的引导性路径控制。

1. 加强关键核心技术研发

首先，重点加强关键核心技术，因为关键核心技术的研发可突破产业发展的范式技术，并实现稳定的技术经济效益。而专业基础技术的研发可突破产业关键共性技术依存的专业技术基础，交叉前沿技术的研发可突破产业关键核心技术的市场需求技术。

由此，在实际的技术研发建设中应该以加强关键核心技术为首要任务，以推动战略性新兴产业范式技术创新，从而推进产业从加工组装向自主研发制造延伸，提升产业附加值和核心竞争力，实现新兴核心技术改造传统产业的落后技术，推动传统产业转型升级。具体来讲可结合计划的实施，配合国家重大专项、“973”计划、“863”计划、支撑计划和中小企业创新基金的支持，集中力量突破一批支撑战略性新兴产业发展的关键共性技术，掌握一批核心技术的自主知识产权。

2. 加强专门的重大项目孵化体系建设

重点加强专门的重大项目孵化体系建设。因为专门的重大项目孵化体系或新兴项目孵化体系的建立可快速地把所需资料集合在特定的场所生产，保证产业新技术的应用。但是，更重要的是这种专门的孵化应用体系，可实现产业中的横向企业和纵向企业在确定信息下进行创新活动，并有效激发企业参与创新的积极性，从而推动相关产业的发展。

由此，在实际的应用孵化建设中，可通过对专门的重大项目孵化体系或新兴项目孵化体系的建立，来主动带动相关产业的发展。具体来讲，可在整合资源、立足长远的战略性新兴产业发展指导思想下，以动态的、开放的、发展的思维方式，落实产业应用孵化体系的建设。根据不同地区的资源优势，加强专门、重大项目孵化体系或新兴项目孵化体系的产业应用的建立，促进相关产业的发展。

3. 加大产业示范区建设

产业示范区、产业辐射区、产业创业区的投入和建设有利于成果推广落实。而从前面研究发现，产业示范区是重点，当然，产业辐射区、产业创业区等产业成果推广体系的形成融合了技术发展与消费者需求。形成的产品价值不仅可超过市场上现有技术本身能带来的价值，还能够给消费者总体上提供更大的价值，包括既有用户规模带来的价值（可降低转换成本）和存在配套产品带来的价值（Melissa A. Schilling，2005），将有效拓展市场需求。

由此，在实际成果的推广建设中，可以产业示范区建设为龙头，推动产业辐射区、产业创业的建设，创新产品品种、提高质量、创建品牌、改善服务，引导消费，创新消费热点，提升消费结构，扩大市场需求。具体来讲，在创新一批创新能力强、创业环境好、特色突出、集聚发展的产业示范基地基础上，积极推进高新区创建国家自主创新示范区和创世界一流园区，加快城市建设，积极建设国家高新技术产业开发区，努力搭建战略性新兴产业发展载体，拓展战略性新兴产业发展中的市场需求。

4. 扩大产业研发网络联盟

研发网络联盟、技术推广价值链联盟、工程模块联盟的运用有利于组织联盟建设的落实，而产业研发网络联盟最重要。因为产业研发网络联盟聚集了不同专有核心能力的研发单位、制造企业和销售企业，有效整合了资源、知识和技术，改变了产业竞争主体之间你死我活的拼斗关系，形成了一种既合作又竞争的产业协作关系。

所以，在组织联盟建设中，应该以需求为导向，重点积极构建支撑产业发展的研发网络联盟，有计划推广价值链联盟、工程模块联盟。具体来讲，就是实现企业、高等院校和科研机构等在战略层面有效结合，突破产品创新、产业发展的重大关键技术瓶颈。鼓励产业创新联盟以发展需求和各方共同利益为基础，以具有法律约束力的契约为保障，明晰知识产权权属，优化战略性新兴产业发展中的产业竞争。

5. 加强科技服务建设

科技服务、商务服务、现代物流服务、环境服务的建立，有利于服务支撑建设的实现。但是科技服务最重要，商务服务、现代物流服务、环境服务等产业服务支撑体系的建立次之。科技服务支撑的建设节约了创新驱动企业的交易成本，使研发技术和知识得到有效交易，

技术得到快速推广，并避免了相关产业在创新过程中市场风险、资金风险、环境风险等问题的出现。而服务体系的整体建设，将促进战略性新兴产业发展中辅助产业的快速发展。

由此，在服务支撑建设中，重点应该以构建现代服务业体系中的科技服务体系，并同步发展人力资源服务、信息服务、创业服务、技术交易、知识产权和成果转化、环境服务等服务业体系。例如，根据区域优势大力发展物流、电子商务、软件服务、服务外包、工业设计以及生活服务业、文化产业等服务业体系，促进战略性新兴产业发展中辅助产业的发展。

6. 加强人力资源激励制度建设

以管理价值活动为基础形成的产业制度体系可促进制度管理建设的完善。因为知识的创新和最终实现是依靠强大的人力资源作保障的，而创业服务平台的建设可促进产业发展中创业服务的快速发展，激励制度的完善可有效推动创新驱动的实现，这些体系的综合建设，在政策上可有力保证产业的发展。

由此，在制度管理建设中，应该大力加强人力资源建设，依托英才计划、青年基金、创新人才推进计划、学术和技术带头人后备人选培养资金等人才专项计划，大力培养一批青年领军人才。依托高新技术产业园区基地、留学人员创业园、博士后科研流动（工作）站落实产业创业服务平台建设。完善企业技术研究开发费用加计扣除、高新技术企业所得税减免、技术交易税收优惠等税收激励政策，积极落实政府支持自主创新产品“首台套”采购政策，鼓励和支持企业技术创新和成果产业化政策激励制度，促进战略性新兴产业发展中产业发展政策的完善。

三、战略性新兴产业创新驱动系统演化控制方法

从以上分析可知，创新驱动系统建设主要包括关键核心技术研发、

重大项目孵化体系建设、产业示范区建设、产业研发网络联盟建设、科技服务建设和人力资源激励建设。由此，在假定创新驱动效果为 Y 时，创新驱动活动建设的投入函数：

$$Y = (T, A, R, O, S, M)$$

依据创新驱动形成过程的证明，可得：

$$\frac{\partial Y}{\partial T}>0, \frac{\partial Y}{\partial A}>0, \frac{\partial Y}{\partial R}>0, \frac{\partial Y}{\partial O}>0, \frac{\partial Y}{\partial S}>0, \frac{\partial Y}{\partial M}>0$$

也就是说，在战略性新兴产业过程中，创新驱动路径建设的投入与创新驱动效果的取得是一致的（见图 6－3）。

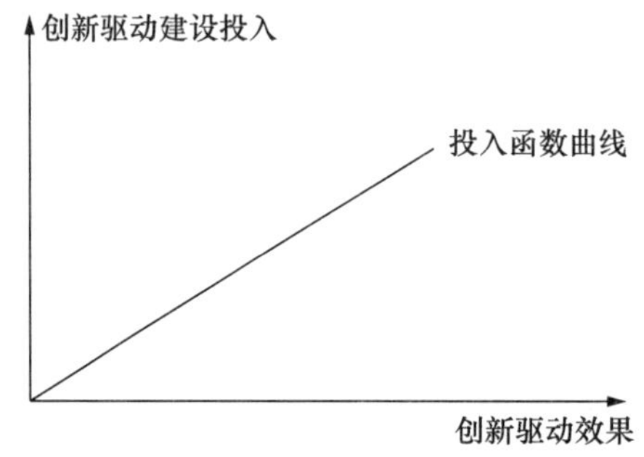

图 6－3　战略性新兴产业创新驱动的投入函数曲线

在实际的战略性新兴产业发展中，创新驱动路径的建设可能是不平衡的，由此根据不同发展阶段和区域优势，确定创新驱动策略要素投入的最佳比例是必要的，以形成战略性新兴产业发展中创新驱动路径的建设方略，而这一问题可通过建立最优化控制模型来解决。

根据以上分析，创新驱动系统主要包括关键核心技术研发、重大项目孵化体系建设、产业示范区建设、产业研发网络联盟建设、科技服务建设和人力资源激励建设。如果在假定 t 时间，i 企业有一个控制系数 C_t^i 时，可构成优化控制策略目标函数：

$$\max Y = \max\left[\sum_{t=0}^{T-1}\sum_{i\in I}C_t^iT_t^i + \sum_{t=0}^{T-1}\sum_{i\in I}C_t^iA_t^i + \sum_{t=0}^{T-1}\sum_{i\in I}C_t^iR_t^i\sum_{t=0}^{T-1}\sum_{i\in I}C_t^iO_t^i + \sum_{t=0}^{T-1}\sum_{i\in I}C_t^iS_t^i + \sum_{t=0}^{T-1}\sum_{i\in I}C_t^iM_t^i\right] \tag{6-1}$$

其中，Y 可用投入对 GDP 的贡献率表示。但是，特定时刻的控制状态变量是不确定的，它们是在多因素影响下不断变化的。因此，构建控制状态变量变化方程是创新驱动系统优化控制模型的前提。本书根据优化控制理论和创新驱动策略要素投入的实现，初步构建了以下控制状态变量变化方程。

（一）关键核心技术研发建设投入的变化方程

$$T_{t+1} = T_t + V_t - \lambda_t \bar{T}_t \tag{6-2}$$

其中设：

T_t = t 年创新驱动中关键核心技术研发建设投入额的向量

V_t = t 年内吸收到创新驱动中关键核心技术研发建设投入额的向量

λ_t = t 年创新驱动中浪费的关键核心技术研发建设投入率的对角线 - 矩阵

$\bar{T}_t$ = T_t 变量的平均值。

（二）重大项目孵化体系建设投入的变化方程

$$A_{t+1} = A_t + U_t - u_t \bar{A}_t \tag{6-3}$$

其中设：

A_t = t 年创新驱动中重大项目孵化体系建设投入额的向量

U_t = t 年内必须吸收到创新驱动中重大项目孵化体系建设投入额的向量

u_t = t 年创新驱动中浪费的重大项目孵化体系建设投入率对角线 - 矩阵

$\bar{A}_t$ = A_t 变量的平均值。

（三）产业示范区建设投入的变化方程

$$R_{t+1} = R_t + W_t - w_t \bar{R}_t \tag{6-4}$$

其中设：

R_t = t 年创新驱动中产业示范区建设投入额的向量

W_t = t 年内必须吸收到创新驱动中产业示范区建设投入额的向量

w_t = t 年创新驱动中浪费的产业示范区建设投入率的对角线 - 矩阵

$\bar{R}_t = R_t$ 变量的平均值

（四）产业研发网络联盟建设投入的变化方程

$$O_{t+1} = O_t + I_t - i_t\bar{O}_{tt} \tag{6-5}$$

其中设：

O_t = t 年创新驱动中产业研发网络联盟建设投入额的向量

I_t = t 年内吸收到创新驱动中产业研发网络联盟建设投入额的向量

i_t = t 年创新驱动中浪费的产业研发网络联盟建设投入率的对角线 - 矩阵

$\bar{O}_t = O_t$ 变量的平均值

（五）科技服务建设投入的变化方程

$$S_{t+1} = S_t + L_t - l_t\bar{S}_t \tag{6-6}$$

其中设：

S_t = t 年创新驱动中创新驱动科技服务建设投入额的向量

L_t = t 年内必须吸收到创新驱动中科技服务建设投入额的向量

l_t = t 年创新驱动中浪费的创新驱动科技服务建设投入率对角线 - 矩阵

$\bar{S}_t = S_t$ 变量的平均值

（六）人力资源激励建设投入的变化方程

$$M_{t+1} = M_t + G_t - g_t\bar{M}_t \tag{6-7}$$

其中设：

M_t = t 年创新驱动中人力资源激励建设投入额的向量

G_t = t 年内必须吸收到创新驱动中人力资源激励建设投入额的向量

g_t = t 年创新驱动中浪费的人力资源激励建设投入率的对角线－矩阵

$\bar{M}_t$ = M_t 变量的平均值

综合式（6－1）至式（6－7）可初步得到战略性新兴产业发展中创新驱动活动建设优化控制路径模型，即：

$$\begin{cases} T_{t+1} = T_t + V_t - \lambda_t \bar{T}_t \\ A_{t+1} = A_t + U_t - u_t \bar{A}_t \\ R_{t+1} = R_t + W_t - w_t \bar{R}_t \\ O_{t+1} = O_t + I_t - i_t \bar{O}_t \\ S_{t+1} = S_t + L_t - l_t \bar{S}_t \\ M_{t+1} = M_t + G_t - g_t \bar{M}_t \end{cases} \qquad (6-8)$$

以式（6－8）为控制状态变量发展方程，得：

$$\max Y = \max \left[\sum_{t=0}^{T-1} \sum_{i \in I} C_t^i T_t^i + \sum_{t=0}^{T-1} \sum_{i \in I} C_t^i A_t^i + \sum_{t=0}^{T-1} \sum_{i \in I} C_t^i R_t^i \sum_{t=0}^{T-1} \sum_{i \in I} C_t^i O_t^i + \sum_{t=0}^{T-1} \sum_{i \in I} C_t^i S_t^i + \sum_{t=0}^{T-1} \sum_{i \in I} C_t^i M_t^i \right] \qquad (6-9)$$

以式（6－9）为优化控制目标函数的组合。战略性新兴产业创新驱动活建设的优化路径可用图 6－4 表示。

从以上可以知道，通过对控制状态变量发展方程（6－8），求目标函数（6－9）的最优控制轨迹，可得优化控制结果。而在对求解结果分析的基础上，可确定创新驱动活动建设环节中关键核心技术研发、重大项目孵化体系建设、产业示范区建设、产业研发网络联盟建设、科技服务建设和人力资源激励建设的最佳比例、最优的战略性新兴产业创新驱动活动建设路径。

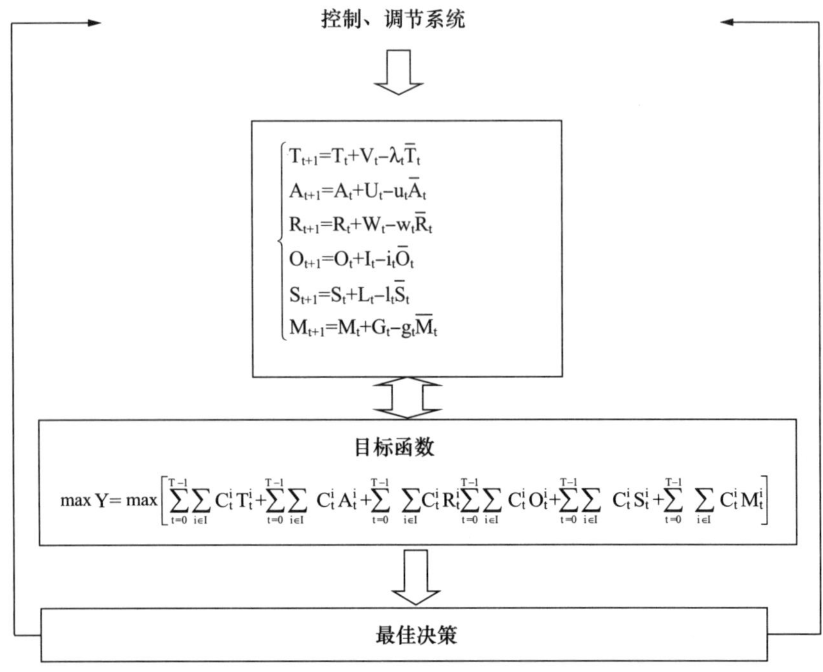

图 6－4　战略性新兴产业创新驱动演化系统的优化

四、战略性新兴产业创新驱动系统演化控制的预期结果

本书认为，加强范式技术研发的关键核心技术、产业化示范工程的产业示范区建设、研发网络联盟的科技服务、商务服务、现代物流服务、环境服务；促进人才政策制度的人力资源、创业服务平台和激励制度建设。

例如，在创新驱动体系下，创新驱动主体之间的合作是通过联盟实现的，而联盟将使创新驱动个体生产的产品具有市场兼容效应。从联盟的范围来看，主要包括横向联盟和纵向联盟。纵向联盟是从供应商到消费者的产品连接过程，主要存在于创新驱动个体间价值系统中。横向联盟是对生产同质产品创新驱动主体之间的连接过程。具体来讲，

战略性新兴产业发展中创新驱动体系控制的合理性，可以从以下方面得到解释（见图6－5）。

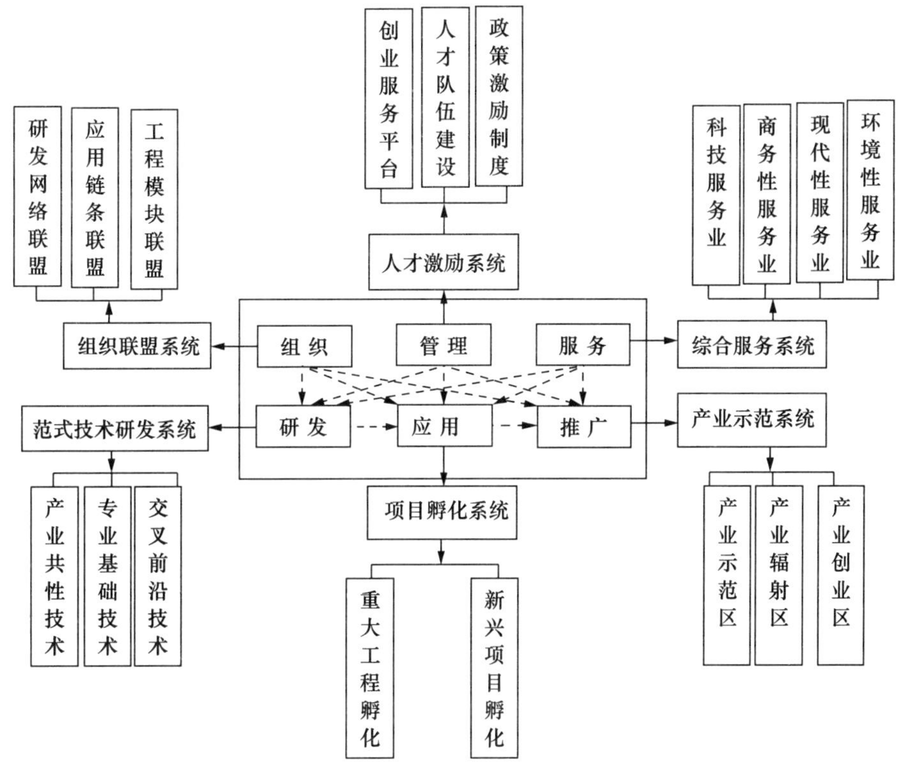

图6－5　战略性新兴产业创新驱动控制系统

（一）创新驱动系统演化控制可使创新驱动主体获得主导设计技术知识信息

首先，支持主导设计产品的技术知识所需的专用物质资源存在于生产同质产品的横向创新驱动主体中。对于某产品的主导设计技术知识，它是依靠同类产品创新驱动主体之间的竞争或合作产生的，同类创新驱动主体之所以要去追寻相关主导设计技术知识，一是可以获得技术领先，二是受相关技术知识下投入的资源投资的约束。从另一角度来讲，只有在特定技术领域中长期从事某项技术研究的企业，才会投入这些专用物质，而正是这些资源的使用使主导设计技术知识得以产生。所以，支持特定产品的主导设计技术知识所需的专用物质资源是存在于生产同质产品的横向创新驱动主体中的。

其次，支持相关主导设计技术形成的隐形知识也是存在于生产同质产品的创新驱动主体中。隐形知识是产品主导设计形成的重要支持要素。但是，任何隐形知识的存在不是在短时间内形成的，特别是形成主导设计技术的知识，它是在创新驱动主体对相关生产过程经验的长期积累下形成的。只有长期从事某项技术开发的创新驱动主体，它才可能积累主导设计技术知识。也就是说，某一行业中的主导设计技术知识，只会存在于该行业中长期从事某一主导技术开发的创新驱动个体群中，由于这些创新驱动个体都是对同一种技术进行开发，因此他们在性质上属于同质类的创新驱动主体，他们的关系也就是横向性的。所以，主导设计技术知识存在于生产同质产品的横向联系的创新驱动主体之间。

以上分析可以说明，某模块产品所具有的主导设计技术的相关知识和专用资源，都存在于生产它的横向创新驱动主体之间。这一情况也可从计算机产业中得到说明。在计算机产业中，模块产品的主导技术最后形成都来源于生产模块产品的横向企业之间，如在 CPU 模块生产中，每一次成为计算机市场中的主导设计产品，都是由具有强大实力的、长期从事 CPU 生产的横向创新驱动主体群推出的。

迈克尔·波拉尼将知识区分为“明确知识”和“隐性知识”“默契知识”，前者是抽象的、可以交流并可以通过符号和语言传播的，后者是无法交流的、嵌入在实践活动之中的。产品主导设计技术知识是无法交流的、嵌入在创新驱动主体实践活动中的知识，因此，它是隐性知识。

当然，创新驱动主体能否充分运用合作伙伴的知识和技能，不仅取决于创新驱动主体在学习平台上能否接触到这些资源，还在一定程度上取决于创新驱动主体向伙伴企业学习的能力。组织间学习理论的研究显示，新的知识与能力的获得，在很大程度上受到学习型组织内部现在拥有的、与新的能力相近的知识和技能的制约。换句话说，只

有在创新驱动主体拥有了相关知识和技能的前提下，企业才能更好获得新的能力。毋庸置疑，只有处于在同一业务领域长期从事相关经营活动的创新驱动主体群，通常才会拥有有效学习的知识与技能的基础，因为这些创新驱动个体在生产经营过程中都是使用相似的技术、满足相近的顾客需求和着眼于相似的顾客群体的。因此，处于同质模块产品生产中的创新驱动主体，他们之间具有获得范式知识和能力的前提条件。

就知识本身来看，明晰知识主要是指通过文字表达出来的知识体，例如设计图、生产操作指南和各种质量控制图。产品主导设计技术知识通常是高度缄默的，即它是难以表达和编码的。由此我们可以推出，没有关键人员的转移，范式缄默知识的转移是难以实现的。这同时也解释了为什么模仿的代价那么昂贵，为什么新技术的扩散通常依赖于工程师和科学家的流动。而处于同类生产中的创新驱动主体群之间，由于相关关键人员都掌握了相关产品中的缄默知识，因此，这是有利于范式知识在横向创新驱动主体之间转移的。

（二）创新驱动系统演化控制可使创新驱动主体获得市场需求信息

设计产品的市场需求信息存在于纵向创新驱动主体的联系中。创新驱动主体之间的纵向联系反映了产品在市场中的需求状况。不论是上游的供应商，还是下游的销售商，在他们的活动中都反映了产品在市场中的需求情况。如果创新驱动个体通过与纵向创新驱动主体之间的网络协作是有效应的，就会获得有关产品在市场中的需求满足程度、产品性能的市场要求、产品的价格、质量要求等。

由于联盟连接可以使创新驱动主体获得主导设计技术知识和市场需求信息，因此，就可以使模块兼容网络体系管理中的创新驱动个体获得产品标准知识，而产品标准知识的获得，将促进创新驱动主体产品的兼容实现，并获得广泛的市场效用。

（三）创新驱动系统演化控制可使创新驱动主体获得有效资源

建立在联盟合作中的创新驱动主体，由于存在一定独立性，因此创新驱动主体之间必然会存在一定的竞争。而共同的运营规则又使联盟中创新驱动主体之间形成一个利益共同体，形成资源互补的局面。根据联盟协作理论，创新驱动主体之间的合作以联盟形式联系可促进知识和技能在不同创新驱动主体之间进行转移。因为当拥有不同技能、知识和组织文化的企业在一起时，他们之间的关系整合会为伙伴企业创造出独特的学习机会，伙伴企业可通过“干中学”获得合作者的隐形知识、新技能。当然，企业一方面可以借助关系整合桥梁，充分利用合作伙伴的互补性资源，而且还可以有意识地获取伙伴企业的技术、诀窍等。所以，创新驱动体系运行中的创新驱动主体可获得有效资源。

五、本章小结

本书认为，战略性新兴产业创新驱动演化系统控制要素包括范式技术研发、综合服务系统、工程项目孵化、产业化示范工程、人才政策制度、网络模块联盟等。本书认为，战略性新兴产业创新驱动演化系统控制可使创新驱动个体获得主导设计技术知识信息、市场需求信息以及有效资源，可对战略性新兴产业发展中创新驱动的困境有缓解作用，推动创新驱动的实现。

第七章

战略性新兴产业创新驱动主体

一、战略性新兴产业创新驱动的主体

自从硅谷成功后，众多国内外学者就从不同角度对战略性新兴产业发展中创新驱动主体的作用进行了研究。在国外研究的学者主要有 Oakey（1985）、Miller 和 Kote（1987）、Aydalot（1988）、Powell（1992）等。例如，Miller 和 Kote（1987）认为，专业供应商对新兴产业发展中创新驱动有重要作用；Aydalot（1988）认为新兴产业发展中创新驱动主体形成在于大学和研究机构向商业知识的转移。虽然这些研究从不同角度对战略性新兴产业发展中创新驱动主体有一定描述，但是，战略性新兴产业发展中创新驱动主体与个体究竟主要包括哪些？其间的关系如何？至今还没有学者做出完整的回答。而明确这些主体与个体，对指导实际战略性新兴产业发展中创新产品的创新是有重要帮助的。

从本质上看，战略性新兴产业发展中的创新驱动活动和行为的形成主要缘于两方面复杂环境的刺激作用：一是产业技术的快速变化环境，二是产品市场需求的变化环境。因为当产业技术环境发生变化后，就会促使战略性新兴企业提高应对产业主导技术知识体系的快速更新能力，而既有主导技术知识体系的快速更新，就可让战略性新兴企业掌握技术变化的主动性，获得竞争优势。但是，战略性新兴企业主导技术知识体系的快速更新是需要有相关专业知识能力的专业机构支持才能实现，特别是大学或研究机构的支持尤为重要。例如，Aydalot（1988）在考察了环剑桥的战略性新兴企业群和伦敦西部高群就认为，战略性新兴企业主导技术知识体系的形成主要是依靠相关大学和研究机构的支持实现的。我国学者盖文启等通过对比美国硅谷地区、英国剑桥工业园、印度班加罗尔地区的分析后也认为，大学或研究开发机构是高技术企业适应产业技术变化的重要因素。所以，大学和研究机构是推动战略性新兴产业发展中科技创新驱动的因素。

就产品市场需求变化来讲，是任何战略性新兴企业价值实现首要解决的问题。只有实现了产品是市场需要的，战略性新兴企业的价值才能最终实现。但是，战略性新兴企业要适应产品市场需求环境的变化，除了本身具有快速实现产品商业化的柔性能力外，必要的产品专业供应商是其重要保证。因为与专业供应商的有效合作，高技术企业才可把产品制造的辅助活动外包，进而推进产品商业化进程。同时，专业供应商带来的信息也对高技术企业生产出适应市场需求的产品有直接帮助（Oakey，1985）。由此，专业供应商是推动战略性新兴产业发展中科技创新体系形成的因素。

可是，对于任何战略性新兴企业来讲，形成政府扶持和市场选择相结合的规律和与风险资本市场相配套的规律对其适应快速技术和市场环境变化是至关重要的。也就是说，有效的金融投资和政府帮助是高技术企业适应复杂环境时不可缺少的支持，即政府和相关的金融投资机构也是区域高技术企业在适应复杂环境时不可缺少的集群行为个体。因为这除了高技术开发成功本身就需要有强大资金支持外，更主要的是：①政府可以通过促进投资、增加资本收益率、提供和完善各种服务、建设发展环境等方面促进高技术产业集群；②专业的投资公司有较为成熟和规范的投资和管理经验，能对高新技术项目的风险做出全面和准确的评估，通过与专业的金融投资公司的联合，可为有市场前景但融资困难的高技术企业提供融资的帮助，降低投资风险。

所以，综合以上分析，本书认为，推动战略性新兴产业发展中创新驱动的主体是高技术企业，个体主要包括企业、中介机构、政府和研发机构。

二、战略性新兴产业创新驱动系统的运行与创新主体

（一）创新主体的多样性变异功能促进创新驱动的运行

对于特定战略性新兴产业来讲，创新驱动主体的区域多样性变异功能也是其适应环境变化的重要条件。因为在复杂的技术或产品需求市场变化的环境下，任何特定的创新驱动主体如果仅仅依靠单一的专业核心能力是很容易被变化的环境所制约的，让自己陷落于专业路径依赖，处于被支配或淘汰地位。而建立在专业核心能力上的多种资源变异能力，则可以帮助创新驱动主体在不利的环境下，选择相关的资源作为变体，并加以复制、整合来获得主动适应和调整，摆脱环境变化带来的限制。鉴于此，本书认为，战略性新兴产业在发展中，创新驱动主体的多样性变异功能有助于创新驱动的运行。

（二）创新主体的遗传性保存能力推动创新驱动的运行

特定创新驱动主体要适应战略性新兴产业发展的环境变化，提高创新驱动主体对复杂环境的遗传性保存能力也是不可少的，即提高创新驱动主体在适应战略性新兴产业发展变化时被选择的变异体的保存、传播能力。如果说，多样性变异是创新驱动主体的空间适应能力，那么，遗传性保存能力则是创新驱动主体在持续时间上的适应能力。因为就通常来看，创新驱动主体的区域遗传性保存能力越强，积累的经验、知识就越多，对复杂技术和产品需求变化环境的“抗体”也就会

越多，创新驱动主体的主动适应能力也就越强，由此形成的创新驱动体系也就越稳定。鉴于此，我们认为，创新驱动主体的遗传性保存能力有助于创新驱动的运行。

（三）创新主体的核心优势能力的增强加快了创新驱动的运行

从既有创新驱动个体存在的状况可以发现，当创新驱动个体在面对复杂环境变化时，他们往往是首先依据自己既有的核心优势能力对环境做出反应。如果创新驱动个体的区域核心优势能力很强，他就可以根据环境的变化有选择性地寻找自己的生存空间，获得优先发展，以更低的成本去完成相关活动，并在相关领域的竞争和选择下处于主动优势。而在当创新驱动个体的区域核心优势能力不强时他就可能完全被动地接受外部技术或竞争市场变化的要求，使自己处于被支配的地位。所以，创新驱动个体的核心优势能力增强可加快创新驱动的运行。

（四）创新主体之间的协同有助于创新驱动的运行

大量研究表明，实际创新驱动主体之间是以各自核心能力建构的协同关系活动存在的。例如风险资本网络、企业与大学或研究开发机构之间的外部网络。Powell 在考察了新生物技术的活动后也认为，新生物产业集群中组织间存在相互作用和广泛的协同网络扩散；并认为，在这种协同网络中，创新驱动主体之间是以各自的特性和核心能力互为条件、互为因果地编制在一起的。通过这个协同网络，主体之间、主体与环境进行物质、能量和信息的交换，形成资源、知识互借的集群功能共同体，实现适应性发展目标。所以，就实际创新驱动个体存在的状况来看，创新驱动主体的活动方式主要是以协同关系存在的，同理可推出，在战略性新兴产业发展中，不同创新驱动主体之间也是协同运行的，而创新主体的协同运行将推动创新驱动的运行。首先，创新驱动体系主体之间的协同运行提高了创新主体之间快速的信息流通，由此，这为创新主体在应对技术与产品市场环境变化中信息的获取提供了直接帮助，有利于创新主体主动适应性能力的发挥。其次，通过协同运行，可以使创新主体之间实现资源或知识的互惠共享，而知识或资源的互惠共享，可使创新主体吸收多样资源和知识，增加区域多样性变异功能；同时，资源或知识的互惠共享，还可以帮助创新主体强化原有核心知识能力，提高创新主体区域遗传性保存能力。最后，创新主体之间的协同运行，可使创新主体之间形成竞争与合作的非线性互动关系，而这种关系可提创新主体的区域核心优势能力。因为创新主体的核心优势能力的强弱与否是与个体之间的关系结构呈非线性倒 U 字形关系的，即处于完全合作或竞争的关系结构下主体的核心优势能力是较弱的，而处于二者之间的即竞争与合作的非线性互动关系结构下主体的核心优势能力较强[①]。所以，当创新驱动主体之间运用协同治理的关系时，将推动创新驱动主体对体系的运行。

三、本章小结

本书认为，推动战略性新兴产业发展中创新驱动的主体是高技术企业，个体主要包括企业、中介机构、政府和研发机构。同时，创新主体的多样性变异功能促进创新驱动的运行；创新主体的遗传性保存能力推动创新驱动的运行；创新主体核心优势能力的增强加快了创新驱动的运行；创新主体之间的协同有助于创新驱动的运行。

① 因为当集群个体之间是完全合作时，就有可能形成垄断势力，居于垄断中的个体将由于暂时的市场控制势力而降低对新技术所需的资源和知识的投资，导致核心优势能力的降低。相反，当集群个体之间的关系是完全竞争时，处于竞争中的集群个体为了获得竞争优势，将会独立加大核心技术开发，但由于开发的孤独性，他们也很难形成适应市场变化的核心能力优势。

第八章

战略性新兴产业创新驱动系统演化下创新主体自适应机理

一、基于供应链整合的创新主体的网络自适应

随着市场竞争的加剧和信息技术的进步，越来越多的企业开始对供应链进行整合，并重新建立相应的企业网络来获得创新优势。因为通过对这种网络的建立和运营，可使不同价值活动与顾客需要结为一体，达到为顾客提供最大价值的产品或服务的目的。当然，从网络存在本身来讲，它是可以实现一定创新绩效的，因为不同网络企业之间知识和资源的互补以及网络企业间密切协作的活动将使网络的运营获得学习效应、差异化效应和市场势力价值绩效。但是，这些价值绩效的获得必须是建立在相应网络创新活动管理策略基础上的。因为不同产业范式演化和产品生命周期演化路径以及企业能力的变化，将影响网络创新绩效的最后获得。

（一）市场竞争催生了企业对供应链整合的需要

在激烈的市场竞争中，企业要获得创新优势，为顾客提供最大价值的产品或服务是必需的。但是，顾客价值是多方面的，既包括有形

方面的价值，如产品的价格、质量等；也包括无形的价值，如交付时间、服务等。因此，在既有的市场中，企业要允许顾客选择能为自身带来最大价值的产品或服务，企业的生产、交换和相关的服务活动都应是根据每个细分顾客群的需要来加以区别对待才能实现的。很明显，要实现这一过程，传统的供应链是难以达成的。因为在传统的供应链中不稳定地沿着供应链固有的路线传递信息，将出现供应中断、缺乏准确预测需求的准备、库存积压等现象，导致供应和需求的不匹配。所以，建立一个物资供应业务敏捷与可伸缩、交易业务快速流动、知识处理业务数字化的企业网络，使企业的每一项价值活动都与顾客需要连成一体，便成为企业的现实需要。

（二）信息技术进步为企业的供应链整合提供了直接条件

供应链整合是指企业对业务单元进行分解和建构的过程。当今，企业对供应链进行整合是企业获得创新优势的重要途径。因为企业的创新活动要为顾客提供最大价值的产品或服务，必然要建立一个物资供应业务敏捷与可伸缩、交易业务快速流动、知识处理业务数字化的企业网络，而信息技术为企业的供应链整合提供了直接条件。

信息技术进步可使供应链中的信息成为独立要素，由此使供应链中其他业务单元得以分解并重新整合。在传统的供应链中，每一项业务都同时拥有信息和物质成分。物质成分由所有与物流相关的活动组成，例如，采购供应、制造、包装和配送。信息成分包括获取、分析和传递业务活动所需要的数据。在企业成长中，信息需求往往是一项业务运作的前提，它对企业组织形式产生深远的影响。在工业时代，大多数组织都是围绕信息处理目标而建立的，如在制造厂设立职能部门的目的是为获得和引导信息流。就信息本身来说，它是一种特殊的资源，可以被利用、分享、交换和再利用，而且不存在效用递减。随着信息技术的进步，嵌入在物质流中的信息流可以被单独提出来并为企业所用，企业可以利用先进的信息技术去独立全面了解整个供应链中业务单元协调运作的信息，如企业通过互联网或其他计算机技术对产品和信息之间过强联系的分解，并建立起相应的数据分析库。在当信息流从供应链中的物质流分离出来后，供应链中业务单元的能力要素便被分解为三个层次：物质业务单元、交易业务单元和知识处理业务单元。

（三）供应链整合下的网络创新自适应运营形式

供应链整合下的网络创新是依靠合理的网络运营规则实现的。从网络运营规则制定过程来看，主要有两种情况：一种是由网络中主导企业制定，另一种是由网络中企业协商制定。因此，供应链整合下的网络创新运营形式可分为主导型网络创新运营和协调型网络创新运营。

1. 主导型网络创新运营

对于有显著竞争实力的单个业务能力要素企业来说，把其独立业务能力最大化，并通过联盟或其他网络合作形式来获得相关业务活动，是企业获得创新优势的有效手段之一。例如，耐克公司的全球化产品制造就是如此。这种供应链整合下的网络创新运营的实现通常是通过主导企业的能力来控制完成的。也就是说，在整个网络创新运行中，其运营规则由某一主导企业制定完成，其余网络成员企业只专注于既有规则下的活动过程。在此种形式的网络创新运营下，主导企业负责处理专业的、排他的系统信息，并事先决定网络企业之间的联系规则。各网络企业活动开始后，即使系统环境发生了很大变化，也只有核心企业有权改变运营规则。主导企业在网络运营中担负着一个总设计师的作用。各网络企业在主导企业发出的规则下，负责处理各自所承担的事务。因此，在整个网络创新运营中，主导企业起着领导的作用，对网络的创新活动具有较大控制力。

2. 协调型网络创新运营

通过对供应链上业务能力要素进行有效整合，以创造出具有竞争力的、更新的产品，是企业获得创新优势的另一种常见方式。在这一方式中，企业之间往往挑选那些某一能力要素达到世界水平的企业来结成网络联盟，将企业的优势能力要素进行整合，形成超级能力要素集合，并发挥作用。而在这一方式下结成的网络创新运营主要是依靠网络中成员企业的共同协商来达成的。也就是说，网络运营规则是由网络中成员企业共同协商制定，而不是由某一个核心企业制定。在这一网络创新运营形式中，各网络企业之间不断地经常交换发生变化的系统信息，它们共同处理产品设计和各种规则的制定。当外部环境发生变化时，网络成员企业根据各自对变化情况的理解，提出相应的解决措施，而最终的对策是根据对不同网络企业提出的解决措施进行比较、解释、选择等方式下形成的。在这个网络中，没有哪个成员企业处于支配和控制地位。而且各网络企业具有一定独立性，它们负责处理各自信息和有限的系统信息。但是，当网络开始运营后，各网络企业就会在明确的规则下进行活动，这种活动反映了不同网络企业间创新活动的协调一致性。

（四）供应链整合下的网络创新自适应运营绩效生成机理

供应链整合下的网络创新活动是网络中企业之间知识和能力的结合，是每一业务单元与顾客融为一体和网络企业间密切协作的统一活动过程。而这些活动过程的实现，将使网络创新获得学习效应、差异性效应和市场势力绩效。

1. 通过学习效应实现网络创新绩效

通过不同业务单元能力整合在一起的网络创新活动，可使网络中企业获得知识和能力的快速积累。而知识和能力的积累可让网络创新产生学习效应，并获得学习经济。学习经济与规模经济不同，规模经济是指当企业经济活动处于一个较大的规模时，能够以较低的生产成本进行生产，它主要反映在给定点上，企业大量生产能获得的成本优势。学习经济是指由于积累经验而导致单位成本的减少，它主要反映了企业的经验积累和专有技术积累所带来的成本优势。因此，在企业学习经济很小的情况下，企业规模经济可能很大；相反，在企业学习经济很大时，可能它的规模经济很小。当供应链整合下的企业创新以网络形式进行合作时，网络企业之间知识和能力的互补将使网络创新活动产生学习效应，进而获得学习经济。而在网络创新具有学习经济时，网络中的企业就可以在不增加平均成本的情况下减少产量，由此可大大增加企业应对市场不确定的灵活性。

2. 通过差异性效应实现网络创新绩效

在供应链整合下的网络创新活动中，每一业务单元都是把顾客需求融为一体的。而通过此种形式结合的网络可为顾客快速提供有差异化的产品。尽管企业在实施差异化生产时会增加企业在每个单位上的成本，但是，这也将增大企业在产品市场上的需求量，并占有一定市场份额，最后会因规模经济而降低企业平均成本。这一过程的变化可以从图 8 - 1 看出。在图 8 - 1 中，通过企业的差异化生产，企业在每个产出水平的平均成本得到提高，由此平均成本曲线从 AC_1 移动到 AC_2。但差异化也使企业的需求曲线从 D_1 外移到 D_2。即使企业提高价格，向新移动的需求曲线还是会伴随着规模经济性，使企业平均成本从 AC_1（Q_1）下降到 AC_2（Q_2）。由此可看出，建立在差异化效益上的网络创新活动是可以实现一定创新价值绩效的。

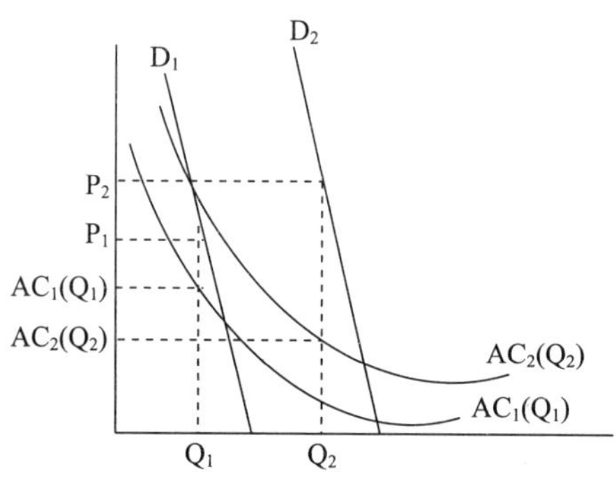

图 8 - 1　差异化下的平均成本变化

3. 通过市场势力实现网络创新绩效

市场势力是指企业将价格定得高于边际成本的能力。价格超过边际成本的幅度取决于企业需求弹性的倒数。微观经济理论认为，企业

需求曲线弹性越小，其市场势力将越大，企业需求曲线弹性越大，其市场势力将越小。而在产业竞争中，决定企业需求曲线弹性的重要因素就是企业之间相互作用的程度。当企业之间的作用是竞争形式且竞争激烈时，企业需求曲线弹性就会向完全竞争的无穷大的需求曲线弹性方向靠近，其需求曲线弹性就相对较大，由此价格与边际成本的幅度倒数就越小，相应地，企业市场势力就越小。在当企业之间的作用是相互合作且紧密时，企业需求曲线就会向完全垄断竞争的完全无弹性方向靠近，其需求曲线弹性就相对较小，相应地，价格与边际成本的幅度倒数就会越大，进而企业的市场势力就越大。对于供应链整合下的网络创新中的企业来讲，由于企业之间的运营都是在明确的网络规则下运营的，在明确的网络规则下企业的业务活动必定是协调互补的，例如企业之间资产、知识的互补，这种互补活动的存在，充分体现了网络企业之间紧密合作的关系。因此，供应链整合下网络成员企业所面临的需求曲线弹性是相对较小的，较小的企业需求曲线弹性，可使网络成员企业获得高于边际成本的定价能力，并使企业的创新活动获得一定的市场势力绩效。当然，网络创新具有一定的市场势力并不一定意味着就可获得高利润，这还取决于相对价格的平均成本。如果网络创新的市场势力大，但是平均成本高，其利润反而会低。

（五）供应链整合下的网络创新自适应运营管理

以上分析证明，供应链整合下的网络创新是可以通过学习效应、差异性效应和市场势力等途径获得价值绩效的。但是，这些价值绩效的获得必须建立在相应网络创新活动管理策略基础上。因为不同产业范式演化和产品生命周期演化路径以及企业能力的变化，将影响网络创新绩效的最后获得。

1. 根据产业范式演化过程进行动态管理

网络创新活动要通过学习效应实现绩效，获得有用的知识与能力的积累是必需的。而有用的知识与能力是相对的，在不同产业范式演化阶段下企业对知识与能力要求是不一样的。因此，根据产业范式演化过程对网络创新进行管理是必要的。产业范式可理解为解决产业技术经济问题的模式。就产业范式本身的变化过程来看，是一个从产生、发展到衰退的演化过程。由此产业范式的演化过程可分为范式产生、范式形成和范式转移三个阶段。对于既有的网络企业来讲，要获得有用知识与能力的积累，必须要和相应范式演化过程中产业的变化特征结合起来。在范式产生阶段，其范式演化下的产业变化的主要特征是技术与市场的不确定性。面对技术与市场的不确定性，网络创新要获得有用的知识与能力的积累，就要加强网络的横向联系，并减弱网络中的纵向联系。因为横向联系可以让网络企业获得技术创新所需要的知识和能力（研究表明，在激烈的产业竞争中，往往存在着最优产品结构所需知识和能力是与同行业竞争者所具有的核心能力相联系的现象），减弱纵向联系可使企业免受不确定性的制约（因为过深的纵向价值活动联系往往会使企业形成技术路径依赖，由此就会降低企业对技术与市场不确定性反应的灵活性）。

而在范式形成阶段，产业变化的主要特征是主导设计的出现和产业中稳定技术标准的形成。在这种情况下，网络的创新可通过加强网络中纵向业务单元的联系来获得有用知识与能力积累，并实现学习经济。但是，企业要减弱网络中横向联系，因为横向价值活动联系不利于企业专业化程度的提高，将阻碍网络中企业对技术标准的有效扩散。

在范式转移阶段，其产业变化的特征是技术“自然极限”的出现和新的“突破性技术”进入市场使企业开始转向新技术的开发。由此，网络创新要获得有用新知识与能力的积累，就要加强网络中横向业务单元联系，介入过深的纵向价值活动往往会使企业固守陈旧，对外部技术变化反应迟钝，甚至阻止新技术入侵主流市场，因此，在此演化阶段企业应该减弱网络中的纵向联系。

从以上分析可以看出，产业范式演化与网络创新活动的管理策略可概括如下：在范式产生阶段，实施网络创新的企业要加强网络中的横向联系，减弱纵向联系；在范式形成阶段，网络创新企业应加强网络中的纵向联系，减弱横向联系；在范式转移阶段，网络创新企业应加强网络的横向联系，减弱纵向联系（见图8－2）。

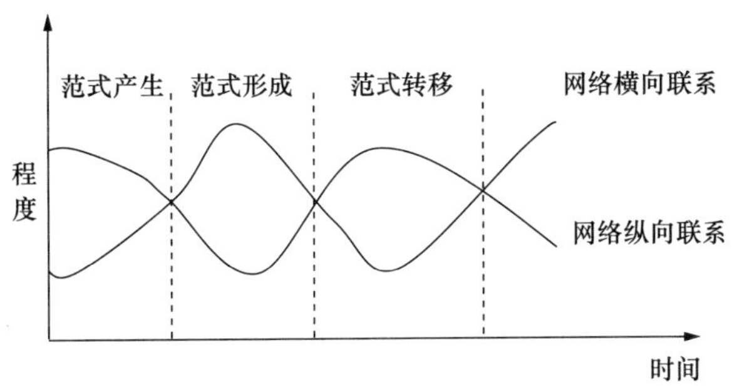

图 8－2　产业范式演进与网络创新策略

2. 根据产品生命周期演进路径进行动态管理

为顾客提供差异化产品是供应链整合下的网络创新绩效生成的重要途径。但是，在不同产品生命周期中，能够为顾客提供差异化产品的业务活动是不同的。在产品成长时期，为顾客提供差异化产品的主要业务活动是技术的开发和产品的设计；在产品成熟阶段，为顾客提供差异化产品或服务的主要业务活动是库存管理和包装；在产品衰退阶段，为顾客提供差异化产品或服务的主要业务活动是产品的交易。这些业务活动的变化，也明确要求网络创新活动与产品生命周期演进路径结合起来，并有针对性地对网络创新活动进行管理。在产品成长时期，网络创新应该加强产品技术开发与设计的知识业务单元活动的管理，网络运营规则要体现网络企业技术开发能力和设计能力与外部市场的需要，以此达到为不同顾客群提供有针对性产品的目的。在产品成熟阶段，网络创新应该加强库存和包装等实物业务单元活动的管理，以降低产品成本并增加产品附加值，要达到这一目的，其重要事务是保证网络企业之间信息的畅通，因此，借助于信息技术对此阶段进行管理是必要的。在产品衰退阶段，网络创新应加强交易业务单元活动的管理，例如，改进售后服务、优化付款方式等，以实现顾客价值最大化。可见，供应链整合下的网络创新要实现一定差异化绩效，根据产品生命周期演化中不同业务单元所具有的主导地位去管理网络创新活动是必要的（见图 8－3）。

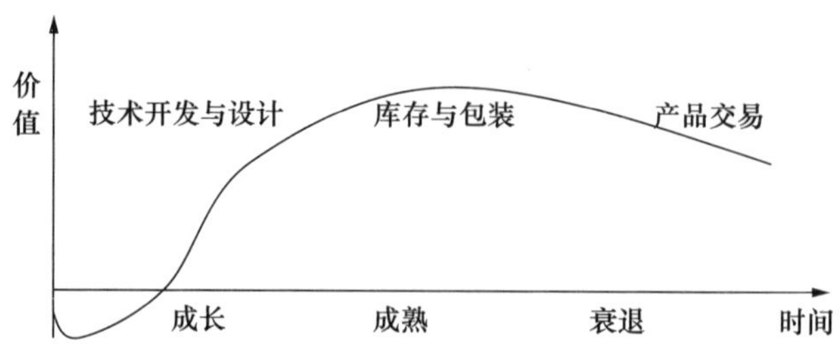

图8－3 产品生命周期与企业业务单元活动

3. 根据企业能力变化进行动态管理

供应链整合下网络创新的市场势力是通过网络中成员企业在合理网络规则下结成的密切协作关系实现的。合理的网络规则是保证网络创新获得市场势力的前提。但是，网络规则的合理性是建立在既有企业能力基础上的。当然，企业能力也是网络企业紧密合作的基础。就企业能力本身讲，可以分为资源能力、知识能力和学习能力等。而网络中企业之间的合作主要体现在资源与知识能力上。但是，企业资源和知识能力的提升是依靠企业的学习能力实现的。企业学习能力的强弱，将改变企业的资源与知识能力。因此，在网络的创新过程中，网络企业的能力（资源能力和知识能力）将是变化的，对具有较强学习能力的企业来说，可能在网络合作初期能力不强，但经过一段时间的合作后，其能力必然获得大大提高。当网络中企业能力出现变化时，网络企业间的合作关系和网络运营规则也必然要发生变化。因此，要让网络企业间有密切协作合作关系，根据网络企业能力的变化对网络创新活动进行动态管理是必要的。例如，根据网络企业能力变化，及时变换能力控制型网络运营中领导企业的主导地位。还有，根据网络企业能力变化情况，改变网络运营规则，使网络创新获得一定市场势力绩效。

因此，供应链整合下网络创新绩效管理是根据产业范式演化过程对网络创新活动进行管理获得学习经济。具体策略：在范式产生阶段，加强网络中的横向联系；减弱纵向联系；在范式形成阶段，加强网络中的纵向联系，减弱横向联系；在范式转移阶段，强网络的横向联系，

减弱纵向联系。根据产品生命周期演进路径对网络创新活动进行管理获得差异性经济，具体策略如下：在产品成长时期，加强产品技术开发与设计的知识业务单元活动的管理；在产品成熟阶段，加强库存和包装等实物业务单元活动的管理；在产品衰退阶段，加强交易业务单元活动的管理。根据企业能力变化对网络创新活动进行管理获得市场势力绩效，具体策略如下：根据网络企业能力变化情况，及时变换网络运营中领导企业的主导地位和改变网络运营规则（见表 8 -1）。

表 8 -1　供应链整合下的网络创新绩效管理

网络创新绩效	学习经济绩效	差异性经济绩效	市场势力绩效
管理策略	策略根据：产业范式演化过程中的产业变化特征	策略根据：产品生命周期演化中不同业务单元所具有的主导地位	策略根据：网络企业能力变化情况
	具体办法：在范式产生阶段，加强网络中的横向联系，减弱纵向联系；在范式形成阶段，加强网络中的纵向联系，减弱横向联系，在范式转移阶段，加强网络的横向联系，减弱纵向联系	具体办法：在产品成长时期，加强产品技术开发与设计的知识业务单元活动的管理；在产品成熟阶段加强库存和包装等实物业务单元活动的管理；在产品衰退阶段，加强交易业务单元活动的管理	具体办法：根据网络企业能力变化情况，及时变换网络运营中的领导企业的主导地位和改变网络运营规则

二、依靠产品设计创新实现自适应能力提升

成功的新产品设计，不但可以使组织的产品很快适应市场需要，在同行业竞争中取得优势，而且对宣扬组织文化也有积极促进作用。早在 1980 年，美国的《研究与管理》就已报道了大多数企业销售额和利润的 30% ~40% 来自企业最近 5 年推出的新产品。但是，成功的新

产品推出有很大难度，Greg A. Stevens 和 James burley 调查统计后指出：在 3000 个新产品的原始想法中，只有一个能成功。Albala 也在总结以往研究的基础上指出，新产品开发的死亡率为 98%，在初期的设计项目中只有 2% 可以进入市场，其他的都半途而废。当然，成功新产品的推出与其设计过程的复杂性相关。特别是在产品投入期，组织选择何种设计策略进行新产品设计，对能否成功推出新产品将有直接影响。但是，新产品设计策略的选择并不是随意的。Cooper R. G. 认为，新产品设计策略的选择必须考虑到顾客需求，例如顾客对产品价格、质量、独特性等方面的需求。因此，产品投入期顾客需求与组织设计策略的选择对企业成功推出新产品有重要意义。

（一）产品投入期顾客的需求

产品投入期的理论是根据产品生命周期推演来的。产品生命周期的概念是由乔尔·迪安于 1950 年首先提出的。乔尔·迪安认为：从需求角度来看，许多新产品都会经历一个投入、成长、成熟、饱和和衰退的生命周期（见图 8－4）。其理由是，当一种新产品首次推向市场时，它可能被当作新奇事物对待，此时它的需求通常很低（投入期）。但是，随着时间流逝，生产和设计的改善，产品性能的提高，产品成本的合理，市场的需求量开始增长（成长期）。之后产品将很快达到一个成熟阶段，其标志是产品的设计很少变化，需求开始停止增长。最后，由于同行业产品竞争，产品的市场需求达到饱和；需求开始呈下降趋势（衰退期）。同时，乔尔·迪安也认为，不同产品生命周期所经历的时间并不一定相同，可能有些产品经历的时间很短，而有些产品经历的时间要长些。时间的长短与产品的顾客需求和技术变化存在一定联系。例如，玩具、小说及流行产品的生命周期不超过一年，然而，一些日用产品，如衣服清洗和烘干机等可能会持续多年，直到出现技术变化。尽管乔尔·迪安的产品生命周期理论存在一些可争论的地方，但是，这种随顾客需求所呈现出的产品生命周期的一般形态的确存在于一般产品的成长过程中。市场学者戈德曼和马勒还根据产品生命周期的一般形态，提出了形成理想的产品生命周期形态的设想

和意见。他们认为，理想的产品生命周期形态是，产品开发期短，研制开发费用低，投入期和成长期短，成熟期可以持续相当长时间，而衰退期要缓慢，不是突然跌落的产品生命周期形态。

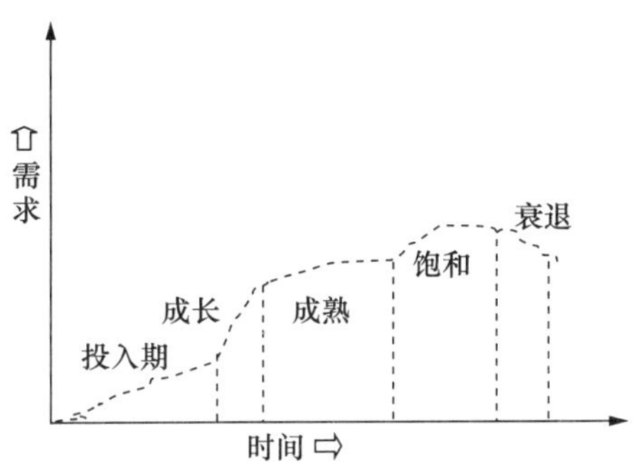

图8－4 产品生命周期

根据乔尔·迪安产品生命周期的概念可以得知，产品投入期是指在产品首次投入市场时，由于潜在购买的顾客对其并不了解，甚至有顾客认为产品可能还存在不完善的地方，形成低产品需求量的阶段。对于组织来说，由于产品首次投入市场，产品的市场需求与有关技术可能还不明确。所以，产品将面临重新设计或改进的情况，但是，此时的产品设计不同于初期的概念设计，此时产品设计主要是基于顾客对已有产品评价基础上形成的设计，它属于评价设计。因此，新产品投入期组织设计策略选择是基于组织既有生产技术与已有新产品顾客需求基础上确定的。介于生产技术变化周期长的特点，从顾客对新产品的需求方面来求解产品投入期设计策略就更加重要了。

在产品投入期间，顾客对新产品究竟有哪些实际需求呢？Cooper R. G. 认为，在产品首次投入市场时，顾客对新产品的需求主要体现在产品的价格、质量、独特性、可获得性、购买产品时的服务。Cooper R. G. 还认为，顾客在购买新产品时，首先是从关注产品的独特性开始的，其次是产品质量、产品价格、产品的可获得性，最后是购买时的服务（见表8－2）。

表 8－2 产品投入期顾客对产品的需求情况分析

因素 强度 对象	顾客需求
产品价格	★★★
产品质量	★★★★
产品独特性	★★★★★
购买时的服务	★
可获得性	★★

资料来源：作者根据 Cooper R. G. “Why New Industrial Products Fail” 和 “Introducing Successful New Products” 整理。

从8－2看出，在产品投入期，与顾客需求度最强的是产品独特性，其次是产品质量、产品价格、可获得性、购买时的服务。这说明在产品投入期中，顾客预购产品的首要理由是基于产品的功能或外部特征所具有的独特性。在产品独特性同等条件下，顾客会选择使用性强、可靠性高、安全性强、节能性好的产品。在考虑了同等产品质量的条件下，顾客会选择能及时、方便得到的产品，即产品的可获得性。在前面条件都相同的条件下，顾客追求的是购买产品时的服务。这与产品成熟期顾客首选购买产品时的服务是明显不同的。

（二）产品设计策略

产品设计策略是指组织在如何使产品创意的构思转化为具体的产品结构、尺寸和零部件组成过程中，与组织既有的制造、供应、销售等生产要素整合起来的方略。产品设计一般包括总体设计、技术设计、工作图设计三部分。从产品设计本身来看，它是由不同活动过程组成的，而这些活动又可分为两类基本活动类型：一类是专业活动设计，即根据设计活动本身要进行的步骤进行产品设计，如从顾客分析需求开始到产品结构设计再到产品的工艺设计；另一类是协调活动设计，通过协调顾客域、产品功能域、制造域的方案和建议，取得各方面一

致认可的设计结果。从不同类型设计的活动出发，产品设计策略可分为串行设计策略、模块设计策略和并行设计策略。

1. 串行设计策略

串行设计策略是基于专业活动设计基础上的一种产品设计策略，即组织从分析顾客需求、产品结构设计、工艺设计直到加工和装配，一步步在各部门之间顺利进行。串行设计的流程如下：首先由熟悉顾客需求的市场人员提出产品构想，交由产品设计人员完成产品定义后，由制造师确定工艺工程计划，确定产品生产费用和生产周期，再由质量控制人员做出相应的质量保证计划。很明显，串行设计吸取了大生产方式“流水”作业的特点。因此，产品设计的单位效率是较高的，由此，对降低产品成本有一定作用。由于各部门的专业参与，产品质量可相对得到保证。但是，以“递归式”的产品设计流程严重妨碍了组织在设计过程中对市场的反应，而且森严的部门界限也使产品设计人员只能“闭门造车”，很难考虑到市场上顾客需求和制造部门的实际情况。因此，串行设计策略在保证产品的独特性、可获得性和顾客购买时的服务需求上与其他设计策略相比要差些。

2. 模块设计策略

模块设计策略是基于协调活动设计基础上的一种设计策略，它主要的协调领域是产品的功能域。模块是指半自律的子系统，通过和其他同样的子系统按照一定规则相互联系而构成的更加复杂的系统或过程。模块设计是将产品部件按功能特征分解成相对独立的单元，并使它们的接口（形状、尺寸）标准化，使它们可以互换、可按不同用途加以选用组合的标准模块。由于模块之间的不同接合或模块与其他部件的组合就能构成各种不同的产品，这对满足不同顾客的需求提供了直接条件，同时，这种“即插即用”的功能也缩短了产品设计时间，给组织提供了快速适应顾客需求的能力，而且以协调产品功能域为主的模块设计特别注重产品对环境的适应性能，即产品的稳健性。只有产品对环境变化发生故障的可能性降低，模块设计中的单元分解才有实际意义。如果设计者在产品设计中引入的稳健性能越多，其产品的可用性也就越多，耐久性就越强，产品的顾客满意度也将越高。例如，一款既可以打电话又可以上网的手机比一款只能打电话的手机稳健性要高些。可以说，在模块设计中，怎样使产品更好适应环境的变化是其设计的基点。因此，这种设计对保证产品的独特性和产品质量有其特有功能，在对满足顾客对产品的购买服务和产品的可获得性方面也将比串行设计要好些。但是，由于模块组件不能拆卸，如果需要更换损坏部件，则整个组件必须毁坏，因此基于模块设计策略生产的产品较之其他设计策略的费用可能要高些。

3. 并行设计策略

并行设计策略也是基于协调活动设计基础上的一种设计策略。它是对产品及其相关过程，包括制造过程和其他支持过程进行并行、一体化设计的一种系统方略。这种设计策略使产品设计从一开始就考虑到产品生命周期从概念形成到产品报废的所有因素，使产品设计与制造、装配、工艺设计、质量控制等过程并行展开，同时进行。并行设计策略的主要特点是生产产品的每一部门（如营销部门、制造部门等）都同步参与到产品设计过程中。因此，产品设计的结果包含了产品生命周期的所有因素（顾客的需求、可制造性）。很明显，比起串行设计，在并行设计过程中，组织能够及时获得产品市场需求的反馈信息，也能较快对产品设计做出调整。同时，并行的设计、制造、服务，大大减少了因“递归式”设计与制造或服务不匹配带来的改动，这对降低产品的设计成本有重要作用。综合分析来看，并行设计对保证产品的价格、质量、顾客对产品的可获得性和顾客购买产品时的服务方面是能够做到的。但是，在并行设计过程，往往有由于过分强调各部门的参考意见而忽视产品独特性存在的现象。

从以上对各设计策略分析发现，每一设计策略所生产的产品在满足顾客需求的程度上都不同。通过比较分析，三种设计策略相对产品投入期顾客需求的强度如表 8 - 3 所示。

从表 8 - 3 看出，在产品价格方面，制造设计和并行设计都有较高的满意度，模块设计最低。在产品质量上，三种设计的排列依次为模块设计、并行设计、制造设计。在产品独特性上，模块设计的满意度

最高，其次是并行设计和制造设计。在购买服务方面，并行设计的满足度最高，其次是模块设计和制造设计。在可获得性方面依次是并行设计、模块设计和制造设计。

表 8-3 三种设计策略相对产品投入期顾客需求的强度比较

顾客需求 设计策略	产品价格	产品质量	产品独特性	购买时的服务	可获得性
制造设计	★★★★	★★	★	★	★
模块设计	★	★★★★	★★★★	★★	★★★
并行设计	★★★	★★★	★★	★★★	★★★★

资料来源：作者整理。

三、通过提高顾客需求价值在生产方式中实现的程度增强自适应能力

（一）顾客需求价值及其因素分析

顾客需求价值是从顾客角度来认识顾客对产品需求所能感知到的利益与其在获取产品时所付出的成本进行权衡后对产品效用的总体评价。从广泛的顾客价值理论讨论的结果中可以看到，影响顾客需求的价值因素主要包括以下方面：

1. 产品价格

产品之所以成为产品是因为它有使用价值，产品价格是顾客要获得一定产品的使用价值在经济上的付出。当顾客认为产品或服务的价值高于它所要支付的价格越多时，其满意度就越高。产品价格包括产

品的售价和使用成本。美国市场营销专家劳特朋（Lauteborn）是较早地认识到顾客价值的学者之一。他对顾客价值的阐述主要体现在于1990年提出的4Cs理论中。劳特朋认为，消费者可接受的价格是企业确定生产成本的决定因素，同时，顾客的购物支出，不但是指购物的货币支出，还包括购物的时间耗费、精力和体力耗费以及风险承担（因信息不对称导致的顾客所购与所需产生差异而带来的损失）。而载瑟摩尔在他的可感知价值理论中提出，价值就是低廉的价格，他认为一些顾客将价值等同于低廉的价格，是因为在其价值感受中所要付出的货币是最重要的。可见，无论是劳特朋还是载瑟摩尔，在他们看来，产品价格是影响顾客需求价值的主要因素之一。

2. 产品质量

产品质量是反映产品满足规定和潜在需要能力特征的综合体。如果产品质量没有达到顾客的期望，则说明产品或服务存在质量问题。产品质量包括其产品的使用性能、可靠性、安全性、节能性和外观质量。载瑟摩尔认为，顾客价值就是顾客付钱买回的质量。在他的调查中发现，有不少顾客将价值概念化为“付出的金钱”与获得的“质量”之间的权衡。而这种权衡正是载瑟摩尔可感知价值理论的核心之一，即感知利益（Perceived Benefits）与感知付出（Perceived Sacrifices）之间的权衡。可见，产品质量也是影响顾客需求价值的重要因素。

3. 可获得性

可获得性是指顾客能按需要的时间方便地得到所要的产品或服务。劳特朋认为，顾客的购物支出，不但指购物的货币支出，还包括购物的时间耗费。载瑟摩尔在他的可感知价值理论研究中发现，顾客在购买产品时的价值评价包含了他们的时间支出。因此他认为，购买时间是顾客进行产品估价的重要参照背景。科特勒在可让渡价值理论中认为，顾客总成本包括货币成本、时间成本、精神成本和体力成本。因此，可获得性将是影响顾客需求价值的重要因素。

4. 信誉

信誉是通过顾客在购买、使用和报废产品的过程中提供各种服务和担保，尽可能满足顾客个性化的要求，建立顾客与企业之间的信赖关系。劳特朋在他的4Cs理论中指出，企业既要出售产品，也要出售服务，这样消费者既购买到了产品，也购买到了便利。他认为企业应重视与顾客的双向沟通，以积极的方式适应顾客的情感，建立基于共同利益上的新型企业—顾客关系。在载瑟摩尔的可感知价值理论研究中发现，顾客的价值收益包括产品或企业的信誉、企业形象等更高层次的抽象的利益。科特勒在可让渡价值理论中认为，顾客价值（Total Customer Value）就是顾客从某一特定产品或服务中获得的一系列利益，它包括产品价值、服务价值、人员价值和形象价值等。所以，产品交易中的信誉是影响顾客需求价值的重要因素。

5. 产品的差异性

产品的差异性是指产品的功能或外部特征所具有的独特性能。载瑟摩尔认为，价值中收益成分包括显著的内部特性、外部特性、感知质量和其他相关的高层次的抽象概念。虽然许多顾客将产品质量（内部特性）作为价值收益中的主要部分，但总体上衡量价值收益仍包括诸如包装、颜色等外部特性和产品或企业的信誉、便利、形象等更高层次的抽象的利益。而且，产品的内部属性本身可能并不直接与顾客所感知到的价值相关，相反，它们往往要透过产品的外部特性甚至顾客个人所感知的抽象利益才能得到体现。可见，产品的差异性是影响顾客需求价值的重要因素。而对于企业来说，能够提供的产品品种越多，将越能满足顾客多方面的需求。

（二）企业生产方式及其顾客需求价值实现状况

产品或服务都是由生产提供的，生产是企业竞争之本。企业要满足顾客价值中的价格、质量、可获得性、信誉、产品差异性等方面的需求，必然要建立与之相应的生产方式。自工业社会出现以来，最有代表性的企业生产方式可以概括为大批量生产、精细生产、敏捷制造、柔性制造和大量制定几种生产方式。

1. 大批量生产方式中顾客需求价值实现状况

以规模经济理论为基础的大批量生产方式主要以流水线生产组织形式进行生产。企业进行流水线作业后，由于单位产品劳动量得到了减少，单位产品的工资费用和分摊费用也得到了减少，因此，降低了产品成本。但是，流水线作业不能及时地适应市场对产品规格和品种的需求变化，在满足顾客对产品差异性要求上反应迟钝。

2. 精益生产方式中顾客需求价值实现状况

精益生产是指对一切资源的占用少，对一切资源的利用率高的生产。资源包括土地、厂房、设备、物料、人员、时间和资金。企业为了保持生产的精益性，不仅在产品的设计、工艺编制、供应、加工制造和库存方面保持精益，而且与用户关系、新产品开发和供应商之间也保持着“精益”。例如，他们总是和用户保持密切联系，直接把用户期望的产品交到用户手上，这种形式的产品交付，不但减少了库存成本，而且很好地满足了顾客的可获得性心理。当然为了生产的“精益”及时开发新产品也满足了顾客对产品差异性的需求。但是，精益生产仅仅是为“精益”而进行的生产，它往往会忽视顾客其他方面价值的需求，特别是顾客对信誉价值的需求。

3. 敏捷制造生产方式中顾客需求价值实现状况

随着市场以卖方市场转为买方市场，为了尽快缩短顾客对产品或服务的响应时间，企业必须以产品生产的全过程（产品计划、开发、制造、销售）为研究对象，来缩短顾客对产品或服务的响应时间。在生产管理的历史发展中，敏捷制造较全面贯彻了这种制造理念。在亚科卡提出的 18 条敏捷制造企业的特征中，都对产品计划与开发、制造系统的配置、产品交付等的敏捷特征作了细致描述。总之，设法在整个产品运行中，做到最有效地回应市场顾客的需求，而做出的“敏捷”响应是敏捷企业进行生产的主要目的。虽然敏捷制造在满足顾客

可获得性的需求价值上有显著效果，但是如此“敏捷”程度的制造，要保证顾客价值体系中产品质量和产品价格需求不受影响，无论如何都是一件难事。

4. 柔性生产方式中顾客需求价值实现状况

在产品差异性强烈影响顾客需求价值时，立足于市场中的企业必须具有生产多品种、多功能、更具特色、符合顾客个人需求的能力。显然，企业要能生产出具有差异性的产品来，其生产的各系统就要具有一定柔性。柔性是组织能快速而且无耗费地适应新形势或新环境变化的能力。例如设备柔性、工艺柔性、作业柔性等。柔性制造企业就是根据这种要求生产产品的企业。这种形式的生产，不但提高了企业运行的灵活性，而且大大提高了企业生产的应变能力。但是在柔性制造企业以小批量、多品种、更具特色、符合顾客个人要求和功能进行产品生产时，却对产品或服务以外的影响顾客价值的因素有所忽视。同时，小批量进行产品生产，对顾客价值中产品价格需求不能满足。

5. 大量定制生产方式中顾客需求价值实现

在信誉成为影响顾客需求价值时，它要求企业必须为顾客提供个性化的产品或服务。为了满足顾客个性化的需求，企业常常采用产品差异化策略，即生产多种产品、多型号规格、多花色来满足不同顾客的需求。但是，产品个性化和产品差异化是不同的。差异化是根据市场预测，提供不同性能、型号、规格和花色的产品或服务，来满足顾客不同需求的。由于是建立在市场预测的基础上，难免有脱离顾客实际需要的情况出现。而个性化产品是以顾客的实际需要而设计制造的。因此企业要真正实现个性化生产，必须要让顾客参与到产品的设计与制造过程中。所以建立直接面向顾客的全新生产方式是实现个性化产品或服务的重要途径。让顾客参与到产品的设计与制造过程中，并能进行大量生产的生产就是大量定制生产。大量定制生产的概念首先由戴维·斯坦利在《未来的完美》一书中提到，他认为，大量生产方式的目标是以人人都买得起的低价格开发产品或服务，而大量定制生产方式的目标是人人都能买得到自己想要的商品。但是，在实际的产品制造过程中，如果让顾客参与到产品的开发中，必然会影响产品开发的速度。为此运用因特网媒介让顾客参与到产品的开发中，成为了大量定制生产方式的重要部分。顾客通过因特网界面设计自己需要的产品，不但可以满足顾客需要的个性化产品，而且对加深顾客与企业之间良好关系有重要促进作用。尽管大量定制生产方式在多方面上满足了顾客价值中价格、产品差异性和信誉的需求，但是大量制定生产方式对顾客价值中产品质量和可获得性的需求满足还是有限的。

四、顾客需求价值在企业生产方式中实现的状况

从顾客价值角度分析生产方式发现，顾客价值在生产方式中实现的程度是不同的（见表8－4）。这种结果也可以从不断变化的顾客消费水平上得到相同解释。

表8－4　顾客价值在生产方式中实现的状况

顾客价值 生产方式	产品价格	产品质量	产品差异性	可获得性	信誉
大批量生产	***	**	—	—	—
精益生产	*	***	*	*	*
柔性制造业	*	*	***	*	*
敏捷制造	*	*	**	***	**
大量定制生产	**	*	**	*	***

注：*** 表示高度相关，** 表示相关，* 较相关。

在大批量生产时期，由于居民消费水平低，“有没有”的问题比较突出。产品只要可用、便宜就受欢迎，影响顾客价值需求的主要因素就是价格。当质量和价格达到一定水平后，顾客就追求多样化产品和服务，这时，即使产品经久耐用，也要被淘汰。于是企业必须改变原有的生产方式，进行柔性生产，以制造出多样化的产品来满足顾客

的差异性需求价值。但是品种的增加导致制造过程和管理工作的复杂化，对生产成本高和产品质量就有所忽视。随着人们生活节奏的加快，按期交货和尽快上市的可获得性、顾客价值需求便成为企业追求的目标，于是以敏捷制造为代表的制造方式成为了满足顾客可获得性价值的主要生产方式。当企业提供的产品或服务与同行其他企业为顾客提供的产品或服务差别不大时，顾客价值的信誉因素便成为企业追求的目标，只有谁为顾客解决了问题，满足了顾客个性化的要求，提供给顾客最好的服务和担保，谁就能满足顾客价值的信誉需求。

从顾客价值角度分析生产方式发现，顾客价值在生产方式中被实现的程度是不同的，而且这种结果也可以从顾客的消费水平上得到解释。那么，组织究竟怎样才能构建一个顾客满意的最优生产方式呢?从以上分析来看，首先，组织的管理模式必须要做到“以顾客为中心的管理模式”。在管理的计划、组织、指挥与控制等几个主要职能上要全面体现出来。其次，要做到组织结构扁平化，以缩短最高决策者与第一线工作人员沟通的时间，以适应顾客的快速需求。同时，还要求组织决策分散，使不同层次的管理者都有一定的决策权。再次，对组织结构进行重组，要围绕顾客的需要。组织必须对业务流程进行重组，消除增加顾客价值的活动，形成多功能的团队。最后，组织必须进行技术创新。技术创新是组织产品满足顾客的最有力保证。组织的技术创新必须和市场的需要结合起来，避免技术创新带来的资金浪费。由此，创新主体可通过提高顾客需求价值在生产方式中实现的程度增强自适应能力。

五、本章小结

本书认为，基于供应链整合的创新主体依靠网络实现自适应；创新主体依靠产品设计创新实现自适应能力提升；创新主体通过提高顾客需求价值在生产方式中实现的程度增强自适应能力。

第九章

战略性新兴产业创新驱动系统演化下创新主体自适应实现的条件

一、较大市场需求

战略性新兴产业发展的主体是企业，一般来说，企业对市场需求的反应最敏感，市场需求状况对企业改进产品的特色和技术革新以及提高产品质量起着引导作用，从而推动战略性新兴产业的发展。例如波特认为，如果一国内的消费者是成熟、复杂和苛刻的，会有助于该国企业赢得行业竞争优势，因为成熟、复杂和苛刻的消费者会迫使本国企业努力达到产品高质量标准和产品创新。事实也是如此，在日本，高知识水平的照相机购买者就刺激和引导了日本照相机产业不断改进照相机质量和生产新产品，推动了照相机产业的发展。在欧洲的斯堪的纳维亚地区，成熟、复杂而苛刻的顾客促使本地两大电信设备制造厂商——芬兰的“诺基亚”和瑞典的“爱立信”在其他发达国家对移动电话需求形成之前就形成了大规模投资移动电话技术，并推动了移动电话产业的发展。

二、关联产业的支持

关联产业的优势如果在战略性新兴产业中得到应用性扩溢，将有助于战略性新兴产业主体创新。例如，在 20 世纪 80 年代中期处于世界领先地位的美国半导体工业技术，为美国个人电脑和其他电子产品取得全球性成功打下了基础。就一般来看，这一效果的取得是依赖于关联行业所形成的集群推动的。例如，瑞典的发达与成功，其主要来源于早先在制药技术相关联的原料工业的集群。

三、产业范式技术的创新

范式研究可以追溯到 20 世纪 60 年代。1962 年库恩在其代表作《科学革命的结构》首先对“范式”（Paradigm）进行了定义，库恩认为，“范式是指那些公认的科学成就，在一段时间里为实践共同体提供典型的问题和解答”。1982 年，技术创新经济学家 Giovanni Dos 将这个概念引入技术创新研究之中，并提出了技术范式（Technology Paradigm）的概念，将技术范式定义为“建立在从自然科学和所选择的材料技术中得到的有关原则基础上所选择技术经济问题的解决方法模式”。继 Giovanni Dos 之后，Utterback 和 Abernathy（1995）借鉴库恩的范式理论，研究了产业范式及其变化过程，并把产业范式的变化分为范式前阶段和范式阶段。

但是，首先涉及产业技术范式转移研究的是 Foster。Foster 通过对技术绩效与积累性投入的变化关系总结的 S 形技术曲线详细说明了技术的“自然极限”。Foster 认为，在技术演进的初期，技术的绩效水平是较低的，但是，在随着投入的增加，技术的绩效水平将获得快速提高，当研发投入达到“拐点”时，技术绩效的提高幅度最大，而在当研发投入继续增加，超过技术的最大绩效时，技术的绩效开始降低，其投入出现收益递减的现象，随即技术开始接近其“自然极限”，再也不会有新的突破（Foster，1986），而在当技术接近“自然极限”时，可替代的新技术将实现商业化，替代旧技术，实现技术范式转移。

本书认为，战略性新兴产业范式技术创新主要包括三方面：一是揭示科学原理的关键技术创新；二是寻求范式产品或工艺的主导设计技术创新；三是推动范式轨迹的共性技术创新。范式关键技术创新弥补了技术落后的缺陷，范式主导技术创新产生出了符合市场需要的产品，范式共性技术创新实现了产业技术的共享（见图9－1）。

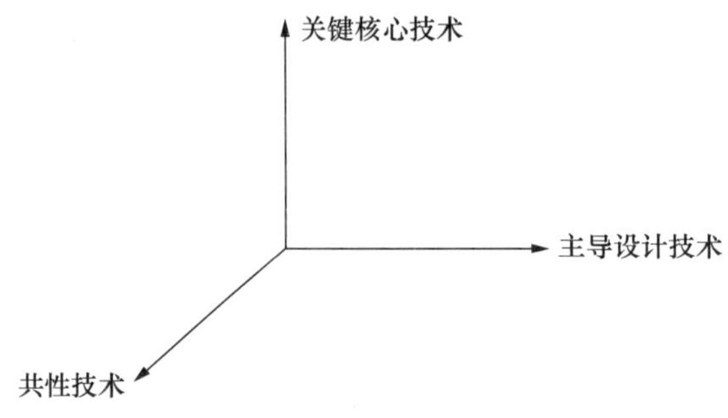

图9－1　战略性新兴产业范式技术创新三维图

从创新的程序来看，关键核心技术是战略性新兴产业发展中的基础技术，但是还没有体现在产品和工艺中。主要由核心知识和关键技术构成，在战略性新兴产业技术体系中居于核心地位。从战略性新兴产业的竞争上来看，谁掌握了关键核心技术，谁就会在竞争中赢得主动权。因为关键核心技术的突破和创新可树立战略性新兴产业发展的长远性和未来性，重塑产业制高点，推动产业结构的优化与升级。

主导设计技术就是把知识形态的关键核心技术转化为产品和工艺的构架或组成技术。主导设计技术是建立在市场需求基础上的，也就是说只有适合市场需求的构架或组成技术，才能在市场中有主导的机会和可能。

共性技术是把适合市场需求的主导设计技术转化为推动产业发展或升级的产业兼容技术。范式共性技术解决的是主导设计技术的普及

问题。不同产业对主导设计技术的应用，可使产业结构产生由低级到高级的变化。例如，信息技术在商业中的应用。范式共性技术对整个行业或产业技术水平、产业质量和生产效率都会发挥迅速的带动作用，具有巨大的经济和社会效益的一类技术。

因此，面向新战略性新兴产业范式技术主要包括关键核心技术、共性产业技术和主导设计技术（见图9－2）。

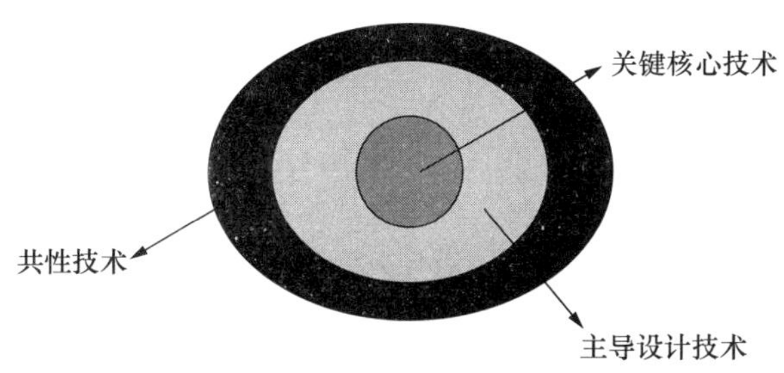

图9－2　战略性新兴产业范式技术创新三维关系

四、产业竞争的协调

在战略性新兴产业主体的创新过程中，应该协调产业竞争。虽然产业竞争会激励企业不断创新，降低成本，改善品质和服务，并创造新的产品和工艺。但是产业竞争中的重复建设和资源浪费也是明显的。如果能够让产业竞争中企业之间的竞争得到协调，必将有利于战略性新兴产业的主体创新得到资源的节约，并实现知识、资源、能力的互补。

五、完善的产业配套政策

从“战略性”和“新兴”的特征来看，在战略性新兴产业的主体创新过程中应该完善人力资源政策、融资政策、行政制度政策。因为新兴产业的人力资源是缺乏的，既有的专业人才大多是从相关专业转移而来的。作为新产业，技术的不确定性使顾客困惑，新企业在金融界的形象和可信度可能是不定的，由此会给新产业发展的融资带来困难。还有，新兴产业的创新在其技术上是新的，对支持发展的制度制订需要重新进行，由于确认和讨论的对象是新事物，所以被否定或肯定是不确定的。

六、辅助行业的兴起

战略性新兴产业的主体创新离不开辅助行业的支持。相关辅助行业的兴起可以使战略性新兴产业的主体创新发展更加有效率，传送出最符合成本效益的交易，规避产业发展中的风险，快速推进技术成果产业化。例如技术交易风险、环境风险。同时，相关辅助行业的兴起可为战略性新兴产业的创新主体获得有效创业信息、投融资和管理创新上的服务支持。

七、本章小结

从以上分析可以看出，战略性新兴产业创新驱动的主体创新实现条件主要有六个方面，一是市场需求，二是关联产业支持，三是产业范式技术创新，四是产业竞争环境，五是产业政策的完善，六是辅助产业兴起。

战略性新兴产业的主体创新，是在这些条件支持下实现的。

第十章

战略性新兴产业创新驱动系统演化下创新主体自适应策略

一、战略性新兴产业创新驱动主体创新的统计分析

为有效摸清当前战略性新兴产业创新驱动主体创新的现状，本研究组于2014年3月，先后赴四川省成都高新区、绵阳市、眉山市，对企业的创新情况进行了实地调研。3月11日下午，赴成都高新区调研，了解成都索贝数码股份有限公司、成都尼毕鲁有限公司、成都贝瑞光电股份有限公司等企业产品创新的现状，并召开现场座谈会，分析企业创新过程中存在的问题。3月13日下午，赴眉山市调研瑞能硅材料有限公司、华恒祥金属有限公司、龙蟒福生有限责任公司，并现场召开小型座谈会听取相关方面情况介绍。3月19~20日，赴绵阳市调研，实地考察了绵阳新晨动力机械有限公司、九洲电器集团有限责任公司等企业，并召开现场座谈会，研究讨论企业产品创新工作。

为提高调查研究的科学性和研究结论的合理性，于2014年3月下旬启动了调研问卷调查。在借鉴战略性新兴产业主体创新实现的条件即市场需求、关联产业、产业范式技术创新、产业竞争环境、产业政策、辅助产业等的基础上，针对战略性新兴产业创新驱动主体的市场需求、关联产业、技术创新、竞争环境、产业政策、辅助产业及相关

内容进行调查，发放调查问卷300份，收回有效问卷246份。对全部调查问卷进行数据统计，形成了54个有价值的反馈信息，全部问题在借用相关软件分析的基础上，形成了直观的统计图表。在对全部实际调研和调查问卷分析的基础上，初步摸清了战略性新兴产业创新驱动的现状与主要问题。

（一）有效样本总体特征

有效问卷代表的企业覆盖了广泛的地域、行业和企业类型。它们来自省、各个地级市、自治州，排在前4位的地级市包括成都市、泸州市、绵阳市、宜宾市。有效样本企业的总体特征如下。

1. 公司性质

调查以民营企业为主，外资企业、国有企业和其他企业为辅。243家企业中，民营企业为175家，占有效样本的72%，外资企业、国有企业和其他企业共计68家，占有效样本的28%，外资企业、国有企业和其他企业分别为5家、51家、12家（见图10-1）。

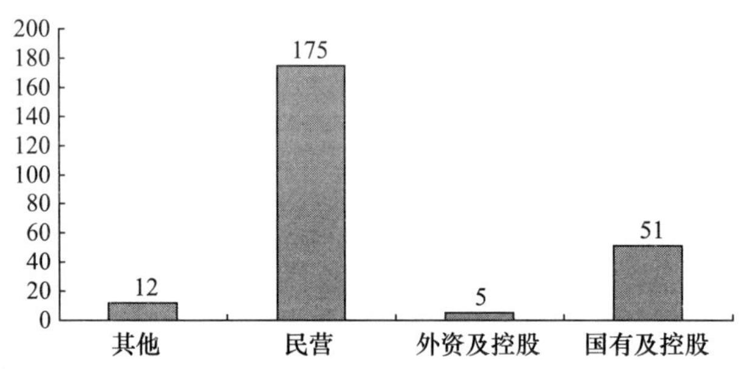

图10-1　公司性质统计

2. 公司规模

调查以中型企业为重点，微型和大型企业为补充。从资产总额、年销售额来看，企业资产总额在4000万元到4亿元的企业占样本总数

的 51%，年销售额在 3000 万元到 3 亿元的企业占样本总数的 49%（见图 10－1 至图 10－4）。

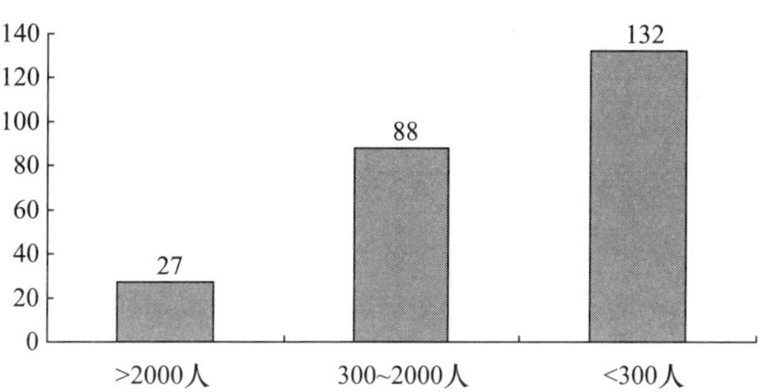

图 10－2　从业人员统计

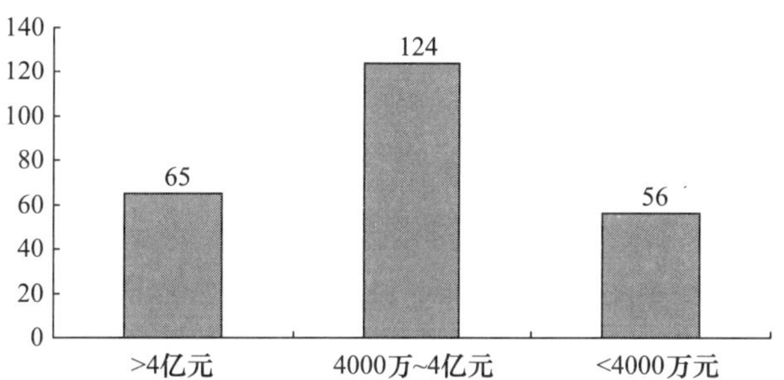

图 10－3　资产总额

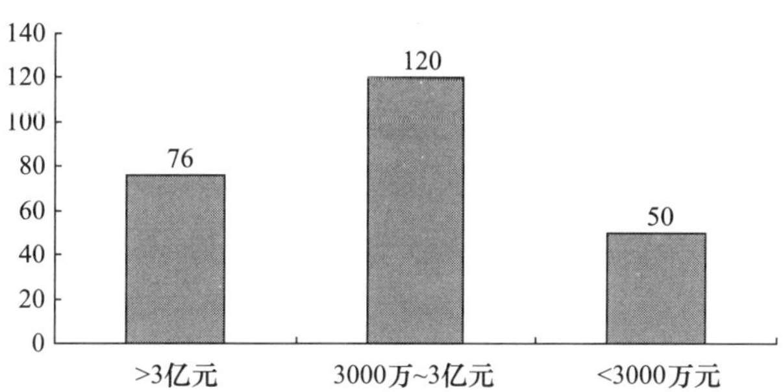

图 10－4　年销售额

3. 研发投入强度

研发投入占销售收入比例在 1% ~10% 的企业较多，投入强度大于 10% 和小于 1% 的企业较少。在统计样本中，研发投入占销售收入比例位于 1% ~10% 的企业有 188 家，占总样本的 77%，投入强度介于 1% ~10% 的企业为 55 家，占样本总数的 23% （见图 10 –5、图10 –6）。

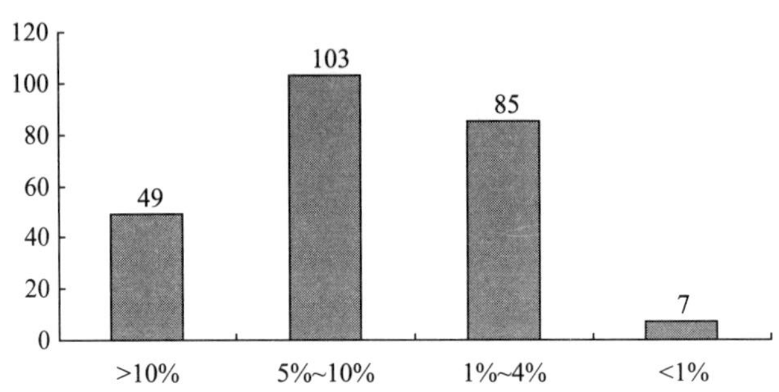

图 10 –5　研发投入占销售收入比例

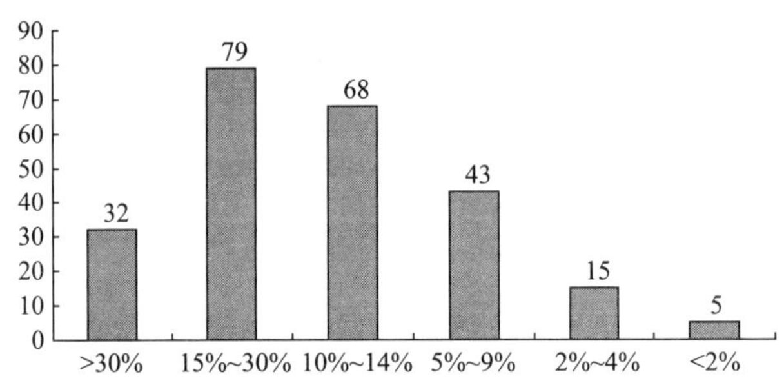

图 10 –6　统计研发人员占员工总人数比例

4. 填表人信息

总部和研发部门主要负责人填写调查问卷相对较多，以保证填写信息全面准确。

问卷填写人的所在部门与职务统计分布如图 10 –7 和图 10 –8：

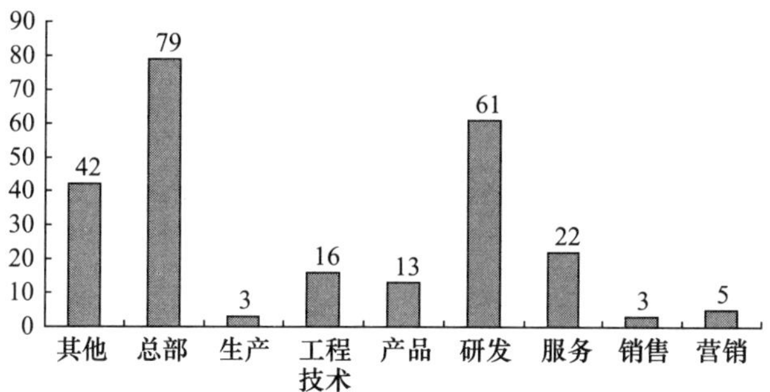

图 10-7 填表人所在部门

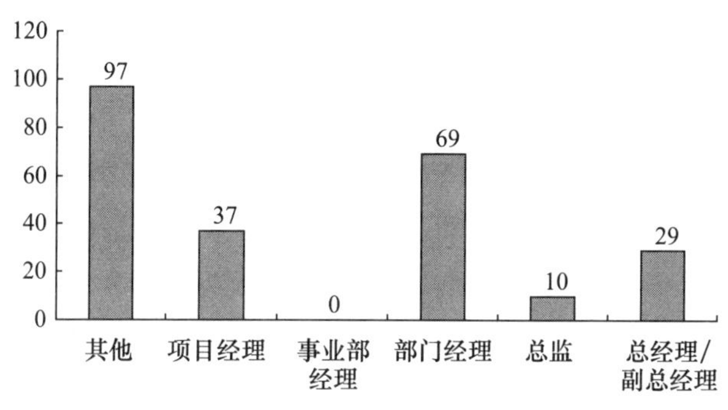

图 10-8 填表人目前职务

（二）外部环境对主体企业创新驱动的影响

1. 创新活动受客户的影响

从统计结果的雷达图看（见图 10-9），受客户影响的统计落在 3 区、4 区、5 区的占 75%，说明企业在创新驱动中总体上受客户影响突出。就具体情况来看：只有 4% 的企业认为没有影响；6% 的企业认为创新活动受客户的影响在 20% 以下；15% 的企业认为创新活动受客户的影响在 20% ~40%；21% 的企业认为创新活动受客户的影响在 40% ~60%；23% 的企业认为创新活动受客户的影响在 60% ~80%；31% 的企业认为创新活动受客户的影响在 80% 以上。

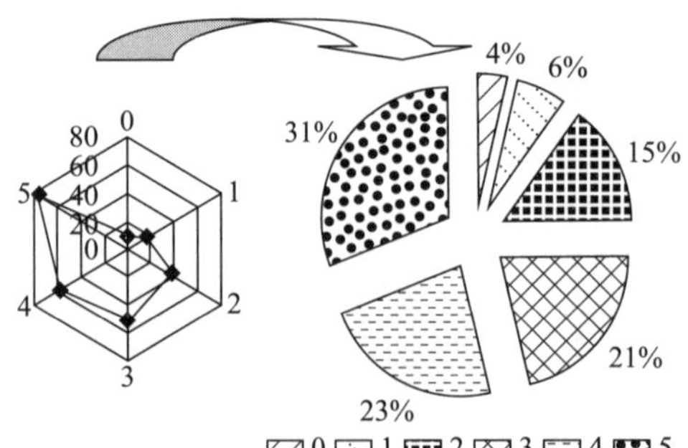

图 10－9 企业创新活动受客户影响

注：0 为没有影响；1 为 20% 以下的影响；2 为 20% ～40% 的影响；3 为 40% ～60% 的影响；4 为 60% ～80% 的影响；5 为 80% 以上的影响。

2. 创新活动受供应商的影响

从统计结果的雷达图来看（见图 10－10），受供应商影响的统计落在 0 区、1 区、2 区的占 63%，说明企业在创新驱动中总体上受供应商影响是较小的。就具体情况来看：16% 的企业认为没有影响；22% 的企业认为创新活动受供应商的影响在 20% 以下；25% 的企业认为创新活动受供应商的影响在 20% ～40%；21% 的企业认为创新活动受供应商的影响在 40% ～60%；7% 的企业认为创新活动受供应商的影响在 60% ～80%；只有 9% 的企业认为创新活动受供应商的影响在 80% 以上。

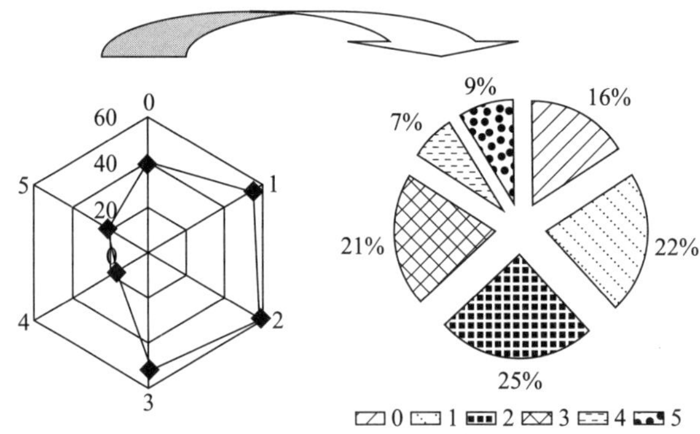

图 10－10 企业创新活动受供应商影响的程度

注：0 为没有影响；1 为 20% 以下的影响；2 为 20% ～40% 的影响；3 为 40% ～60% 的影响；4 为 60% ～80% 的影响；5 为 80% 以上的影响。

3. 创新活动受竞争对手的影响

从统计结果的雷达图来看（见图 10－11），受供应商影响的统计落在3 区、4 区、5 区的占70%，说明企业在创新驱动中总体上受竞争对手影响较大。就具体情况来看：6% 的企业认为没有影响；7% 的企业认为创新活动受竞争对手的影响在 20% 以下；17% 的企业认为创新活动受竞争对手的影响在 20% ～40%；27% 的企业认为创新活动受竞争对手的影响在 40% ～60%；20% 的企业认为创新活动受竞争对手的影响在60% ～80%；23% 的企业认为创新活动受竞争对手的影响在80% 以上。

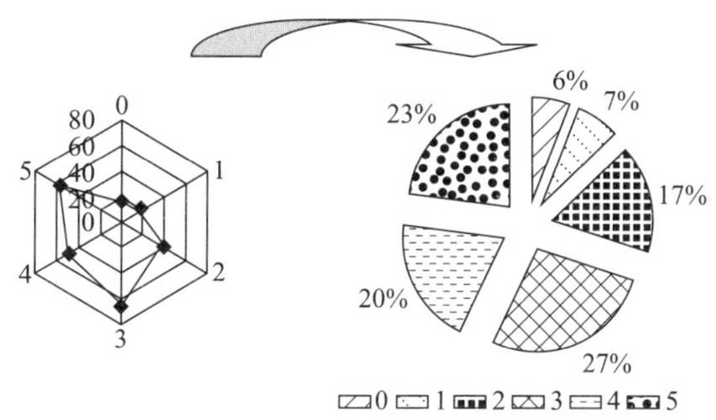

图 10－11 创新活动受竞争对手影响程度

注：0 为没有影响；1 为 20% 以下的影响；2 为 20% ～40% 的影响；3 为 40% ～60% 的影响；4 为 60% ～80% 的影响；5 为 80% 以上的影响。

4. 创新活动受政策、行政管理制度的影响

从统计结果的雷达图来看（见图 10－12），受政策、行政管理制度影响的统计落在3 区、4 区、5 区的占 81%，说明企业在创新驱动中总体上受政策、行政管理制度影响大。就具体情况来看：2% 的企业认为没有影响；5% 的企业认为创新活动受政策、行政管理制度的影响在 20% 以下；9% 的企业认为创新活动受政策、行政管理制度的影响在 20% ～40%；17% 的企业认为创新活动受政策、行政管理制度的影响

在40%～60%；28%的企业认为创新活动受政策、行政管理制度的影响在60%～80%；38%的企业认为创新活动受政策、行政管理制度的影响在80%以上。

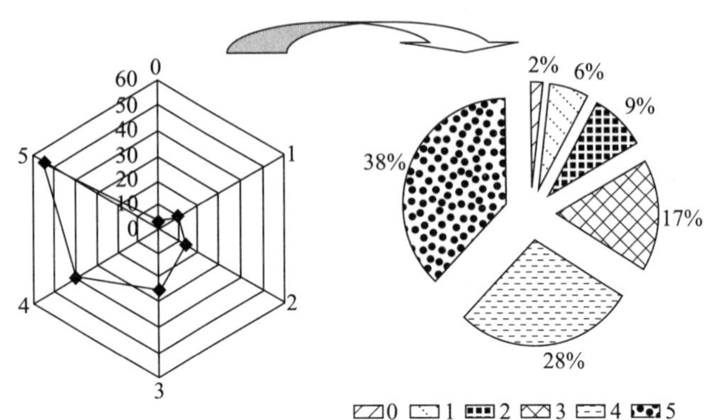

图10－12　创新活动受政策、行政管理制度的影响

注：0为没有影响；1为20%以下的影响；2为20%～40%的影响；3为40%～60%的影响；4为60%～80%的影响；5为80%以上的影响。

5. 创新活动受法规的影响

从统计结果的雷达图来看（见图10－13），受法规影响的统计落在3区、4区、5区的占86%，说明企业在创新驱动中总体上受法规影响大。就具体情况来看：2%的企业认为没有影响；2%的企业认为创新活动受法规的影响在20%以下；10%的企业认为创新活动受法规的影响在20%～40%；21%的企业认为创新活动受法规的影响在40%～60%；35%的企业认为创新活动受法规的影响在60%～80%；30%的企业认为创新活动受法规的影响在80%以上。

6. 创新活动受市场需求的影响

从统计结果的雷达图来看（见图10－14），受市场需求的统计落在3区、4区、5区的占89%，说明企业在创新驱动中总体上受市场需求影响是大的。就具体情况来看：1%的企业认为没有影响；5%的企

业认为创新活动受市场需求的影响在 20% 以下；6% 的企业认为创新活动受市场需求的影响在 20% ～40%；18% 的企业认为创新活动受市场需求的影响在 40% ～60%；39% 的企业认为创新活动市场需求的影响在 60% ～80%；31% 的企业认为创新活动受市场需求的影响在 80% 以上。

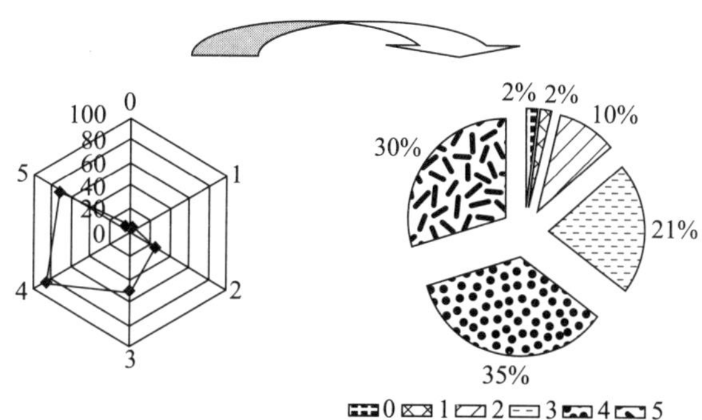

图 10 －13　创新活动受法规的影响

注：0 为没有影响；1 为 20% 以下的影响；2 为 20% ～40% 的影响；3 为 40% ～60% 的影响；4 为 60% ～80% 的影响；5 为 80% 以上的影响。

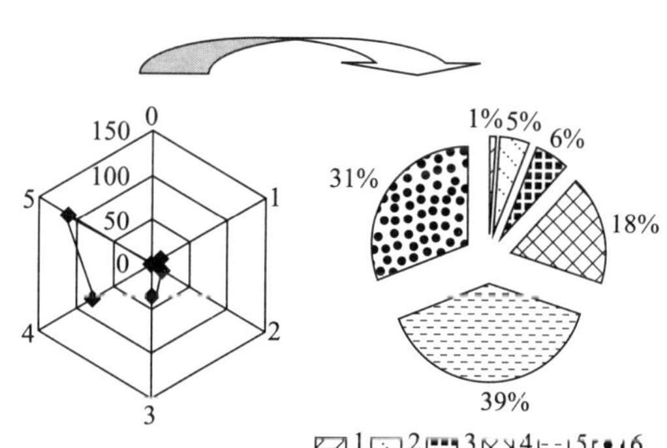

图 10 －14　创新活动受市场需求的影响

注：0 为没有影响；1 为 20% 以下的影响；2 为 20% ～40% 的影响；3 为 40% ～60% 的影响；4 为 60% ～80% 的影响；5 为 80% 以上的影响。

7. 创新活动受技术的影响

从统计结果的雷达图来看（见图 10 －15），企业创新活动总体上受技术影响在3区、4区、5区的占85%，说明企业在创新驱动中受技术的影响大。就具体情况来看：1%的企业认为没有影响；3%的企业认为创新活动受技术的影响在20%以下；11%的企业认为创新活动受技术的影响在20%～40%；22%的企业认为创新活动受技术的影响在40%～60%；28%的企业认为创新活动受技术的影响在60%～80%；35%的企业认为创新活动受技术的影响在80%以上。

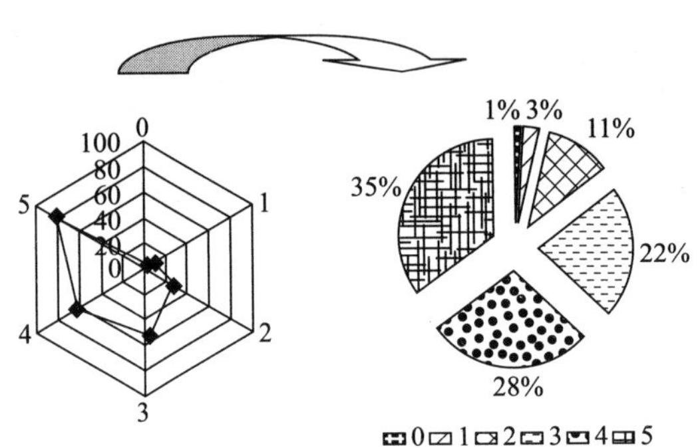

图10－15 创新活动受技术的影响

注：0为没有影响；1为20%以下的影响；2为20%～40%的影响；3为40%～60%的影响；4为60%～80%的影响；5为80%以上的影响。

8. 外部环境对企业创新影响的统计

外部环境对企业创新影响的统计如表10－1所示。

表10－1 外部环境对企业产品创新影响的统计 单位：%

外部环境	影响程度的比例					
	雷达弱度区			雷达强度区		
	0（没有影响）	1（20%以下的影响）	2（20%～40%的影响）	3（40%～60%的影响）	4（60%～80%的影响）	5（80%以上的影响）
客户	4	6	15	21	23	31
供应商	16	22	25	21	7	9
竞争对手	6	7	17	27	20	23
法规	2	2	10	21	35	30

续表

外部环境	影响程度的比例					
	雷达弱度区			雷达强度区		
	0（没有影响）	1（20%以下的影响）	2（20%～40%的影响）	3（40%～60%的影响）	4（60%～80%的影响）	5（80%以上的影响）
政策、行政管理制度	2	6	9	17	28	38
市场需求	1	5	6	18	39	31
技术	1	3	11	22	28	35

（三）创新驱动的组织

1. 规章制度、工作环境有利于激发员工创造性的程度

从统计结果的雷达图看（见图 10－16），激发程度的统计落在 3 区、4 区、5 区占 93%，说明企业在创新驱动中，制定的规章制度、工作环境在总体上有利于激发员工创造性的发挥。就具体情况看，企业的规章制度、工作环境对员工创造性的发挥没有影响的只占 1%；规章制度、工作环境的激发程度在 20%～40% 的占 6%；规章制度、工作环境的激发程度在 40%～60% 的占 21%；规章制度、工作环境的激发程度在 60%～80% 的占 38%；规章制度、工作环境的激发程度达 80% 以上的占 34%。

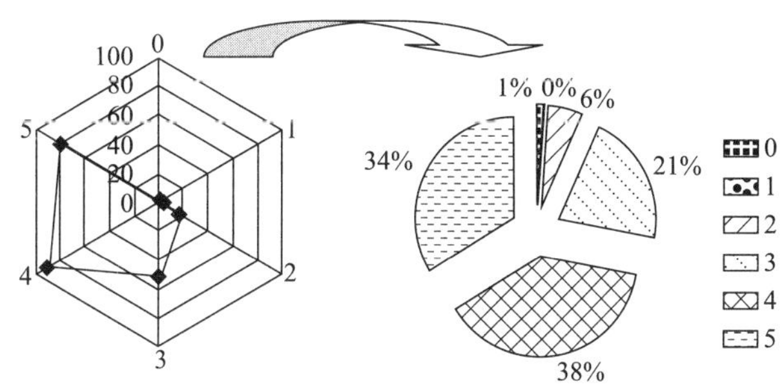

图 10－16 规章制度和工作环境激发员工创造性的程度

注：0 为没有影响；1 为激发程度在 20% 以下；2 为激发程度在 20%～40%；3 为激发程度在 40%～60%；4 为激发程度在60%～80%；5 为激发程度在 80% 以上。

2. 各层级员工与本公司以外其他机构进行交流的机会

从统计结果的雷达图来看（见图 10－17），企业各层级员工与本公司以外其他机构进行交流机会的统计落在 3 区、4 区、5 区占 72%，说明企业在创新驱动中，各层级员工与本公司以外其他机构进行交流的机会在总体上是比较容易的。就具体情况来看：没有交流机会的只占 4%；交流机会在 20% 以下的占 9%；交流机会在 20%～40% 的占 15%；交流机会在 40%～60% 的占 31%；交流机会在 60%～80% 的占 21%；交流机会在 80% 以上的占 20%。

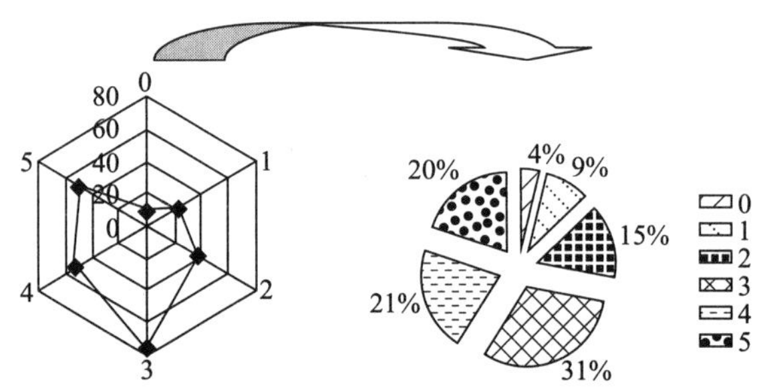

图 10－17　员工与本公司外的机构交流机会

注：0 为没有影响；1 为 20% 以下的影响；2 为 20%～40% 的影响；3 为 40%～60% 的影响；4 为 60%～80% 的影响；5 为 80% 以上的影响。

3. 不同部门人员相互交流难易程度

从统计结果的雷达图来看（见图 10－18），不同部门人员相互交流难易程度的统计落在 3 区、4 区、5 区占 89%，说明企业在创新驱动中，不同部门人员相互交流在总体上是活跃的。就具体情况来看：没有交流机会的只占 1%；交流机会在 20% 以下的占 2%；交流机会在 20%～40% 的占 8%；交流机会在 40%～60% 的占 20%；交流机会在 60%～80% 的占 34%；交流机会在 80% 以上的占 35%。

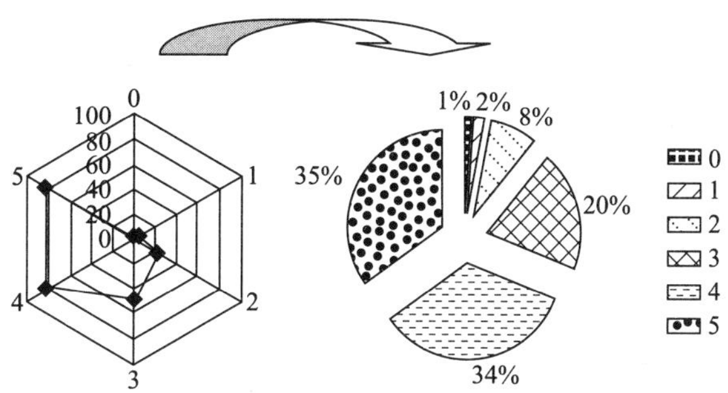

图 10－18　内部不同部门之间交流机会

注：0 为没有影响；1 为 20% 以下的影响；2 为 20% ～40% 的影响；3 为 40% ～60% 的影响；4 为 60% ～80% 的影响；5 为 80% 以上的影响。

4. 依赖其他企业或机构获得新技术的程度

从统计结果的雷达图来看（见图 10－19），依赖其他企业或机构获得新技术的程度基本落在 0 区、1 区、2 区、3 区，说明企业在创新驱动中，依赖其他企业或机构获得新技术的机会在总体上是比较困难的。就具体情况来看，没有机会的占 31%；获取机会在 20% 以下的占 25%；获取机会在 20% ～40% 的占 19%；获取机会在 40% ～60% 的占 11%；获取机会在 60% ～80% 的占 9%；获取机会在 80% 以上的占 5%。

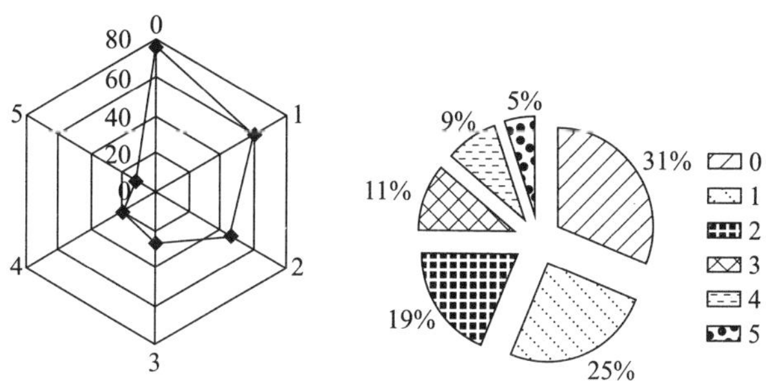

图 10－19　企业依赖其他企业或机构获得新技术程度

注：0 为没有机会；1 为机会在 20% 以下；2 为机会在 20% ～40%；3 为机会在 40% ～60%；4 为机会在 60% ～80%；5 为机会在 80% 以上

5. 企业创新的内部组织状况

企业产品创新的内部组织状况如表 10－2 所示。

表 10－2　企业产品创新的内部组织状况统计　　单位:%

	程度及比例					
	雷达弱区			雷达强区		
	0	1	2	3	4	5
规章制度、工作环境有利于激发员工创造性的程度	1	0	6	21	38	34
各层级员工与本公司以外其他机构进行交流的机会	4	9	15	31	21	20
不同部门人员相互交流难易程度	1	2	8	20	34	35
依赖其他企业或机构获得新技术的程度	31	25	19	11	9	5

6. 与主要供应商的交往

从统计结果的雷达图来看（见图 10－20），落在 5 区、6 区、7 区、8 区占 59%。因此，从总体上来看，企业在创新驱动中，与主要供应商的来往较频繁。从交往的频率来看，没有交往的占 4%，每月 1～2 次的占23%，每月 3～4 次的占 15%，每周 1～2 次的占 12%，每周 2 次以上的占 14%，也就是说，64% 的企业每月都与主要供应商有 1～2 次的交往。

7. 与商业协会的交往

从统计结果的雷达图来看（见图 10－21），落在 1 区、2 区、3 区、4 区的占 67%。因此，从总体上来看，企业在创新驱动中，与商业协会的交往是比较少的。从交往的频率来看，没有交往的占 11%，每年 1～2 次的占 46%，每月不到 1 次的占 21%，也就是说，78% 的企业每月与商业协会的交往都不到 1 次。

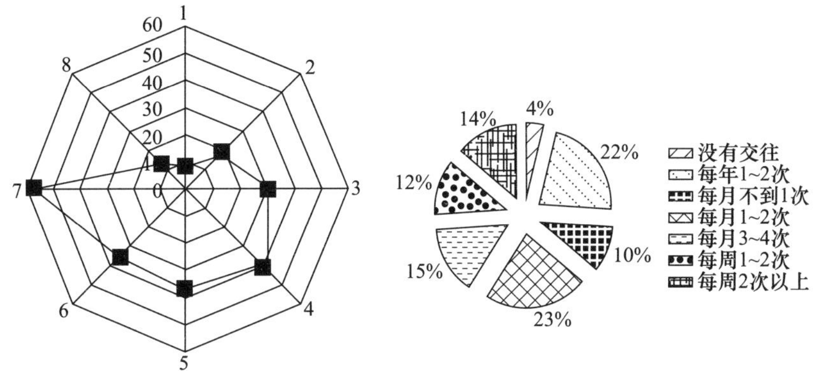

图 10－20　与供应商的交往

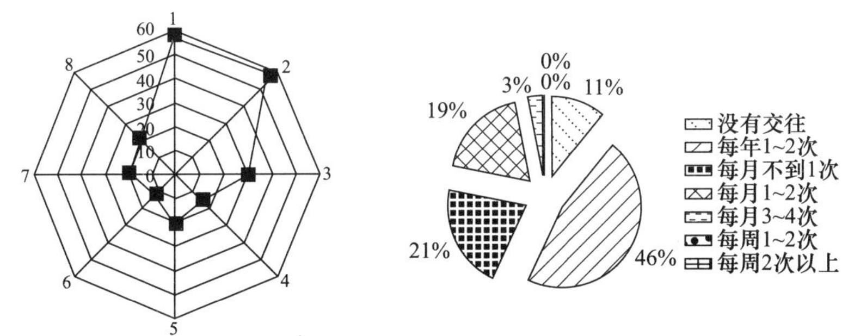

图 10－21　与商业协会的交往

8. 与主要客户的交往

从统计结果的雷达图来看（见图 10－22），落在 5 区、6 区、7 区、8 区占 70%。因此，从总体上来看，企业在创新驱动中与主要客户的交往是较频繁的。从交往的频率来看，每月 1～2 次占 23%，每月 3～4 次占 17%，每周1～2 次占 15%，每周 2 次以上占 26%。也就算说，81% 的企业每月与主要客户的交往都在 1～2 次或以上。

9. 与咨询机构的交往

从统计结果的雷达图来看（见图 10－23），在 1 区、2 区、3 区、

4 区占 70%。因此，从总体上来看，企业在创新驱动中，与咨询机构的交往是较少的。从交往的频率来看，15% 的没有交往，每年 1～2 次的占 41%，每月不到 1 次的占 26%，也就是说，81% 的企业每月与咨询机构的交往都不到 1 次。

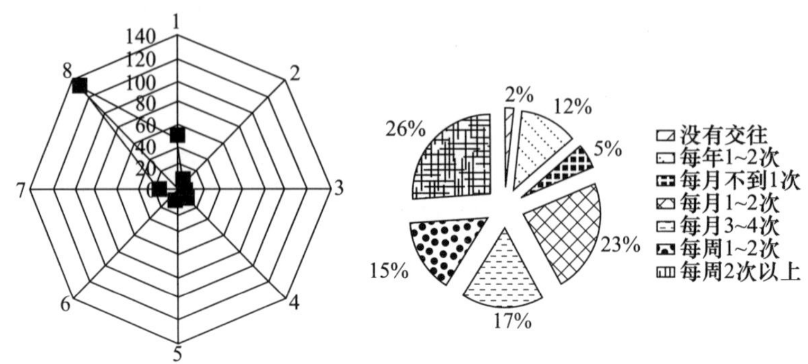

图 10－22　与主要客户的交往

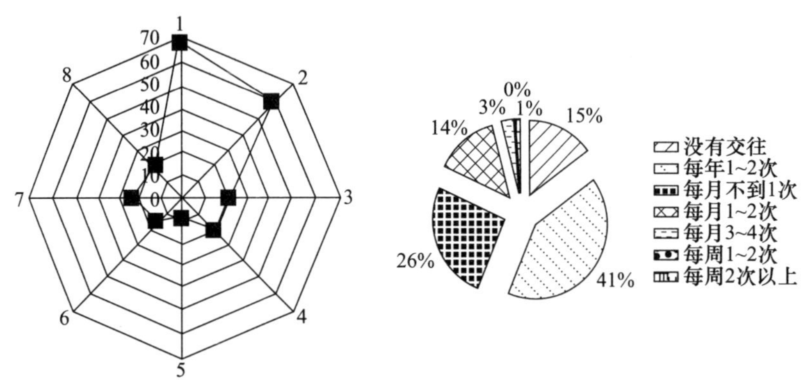

图 10－23　与咨询机构的交往

10. 与政府部门的交往

从统计结果的雷达图来看（见图 10－24），落在 5 区、6 区、7 区、8 区占 67%。因此，从总体上来看，企业在创新驱动中，与政府部门的交往是较频繁的。从交往的频率来看，每月 1～2 次占 32%，每

月3～4次占20%，每周1～2次占10%，每周2次以上占9%。也就是说，71%的企业每月与政府部门的交往都在1～2次或以上。

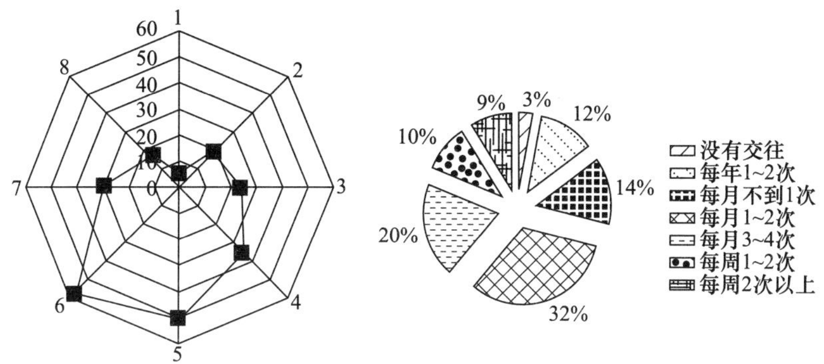

图10－24　与政府的交往

11. 与金融机构的交往

从统计结果的雷达图来看（见图10－25），落在5区、6区、7区、8区占50%。因此，从总体上来看，企业在创新驱动中，与金融机构的交往一般。从交往的频率来看，没有交往占12%，每年1～2次占28%，每月不到1次占20%，每月1～2次占24%。

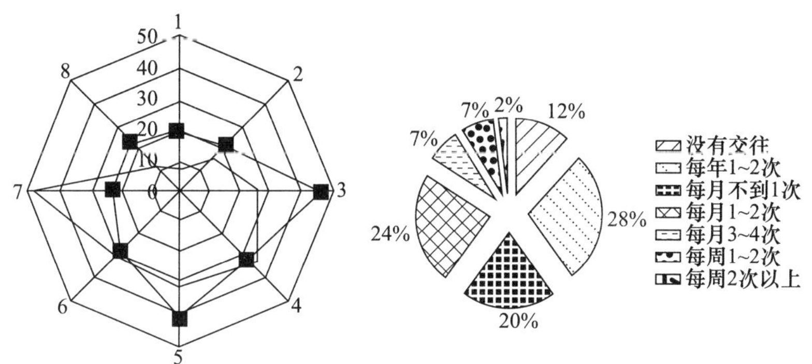

图10－25　与金融机构的交往

12. 与大学及科研机构的交往

从统计结果的雷达图来看（见图 10－26），落在 1 区、2 区、3 区、4 区占 78%。因此，从总体上来看，企业在创新驱动中，与大学及科研机构的交往是很少的。从交往的频率来看，没有交往占 3%，每年1～2 次的占 36%，每月不到 1 次的占 20%，每月 1～2 次的占 25%。也就是说，59% 的企业与大学及科研机构的交往每月都不到 1 次，如表 10－3 至表 10－4 所示。

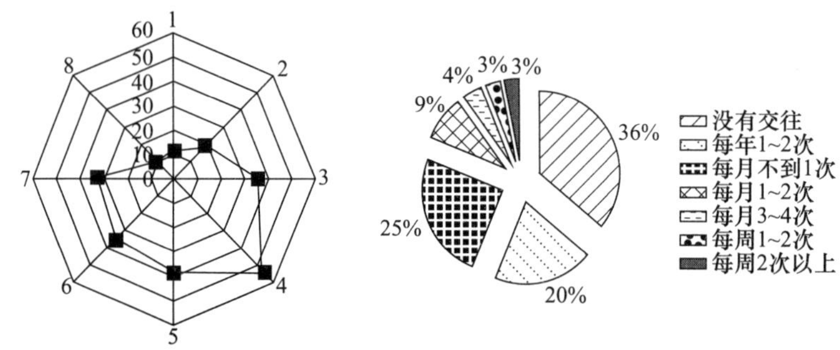

图 10－26　与大学及科研机构的交往

表 10－3　创新过程中企业与外部机构交往程度统计　　单位:%

	程度							
	雷达弱区				雷达强区			
	1	2	3	4	5	6	7	8
与商业协会交往重要程度	23	25	14	7	9	5	8	9
与政府部门交往重要程度	2	7	9	15	21	26	13	7
与金融机构交往重要程度	8	9	20	13	19	12	9	10
与大学及科研机构交往重要程度	4	7	15	23	17	16	14	4

续表

	程度							
	雷达弱区				雷达强区			
	1	2	3	4	5	6	7	8
与咨询机构交往重要程度	27	25	10	8	5	7	10	8
与供应商交往重要程度	2	9	12	18	15	15	24	5
与用户交往重要程度	19	4	4	3	2	4	7	57

表 10－4　创新过程中企业与外部机构交往频率统计　　单位：%

	交往频率的比例						
	没有交往	每年 1～2 次	每月不到 1 次	每月 1～2 次	每月 3～4 次	每周 1～2 次	每周 2 次以上
与主要供应商的交往频率	4	22	10	23	15	12	14
与商业协会的交往频率	11	46	21	19	3	0	0
与主要客户的交往频率	2	12	5	23	17	25	26
与政府部门的交往频率	3	12	14	32	20	10	9
与金融机构的交往频率	12	28	20	24	7	7	2
与大学及科研机构的交往频率	3	36	20	25	9	4	3
与咨询机构的交往频率	15	41	26	14	3	0	1

13. 交流合作的原因

根据统计结果（见图 10 –27），企业在创新驱动过程中与其他企业进行交流合作的主要原因和基本情况：提高专业化程度占 24%，提高产品或服务质量的占 22%，增加消息渠道的占 18%，降低成本占 15%。

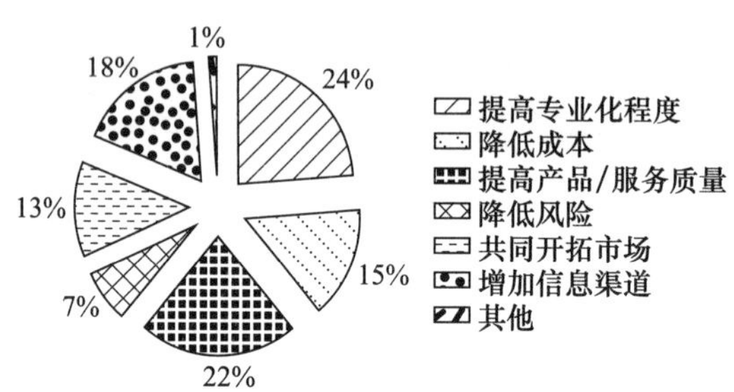

图 10 –27　与其他企业进行交流合作的原因

14. 与金融机构、大学、研究组织、政府部门等机构的交往关系

根据统计结果（见图 10 –28），企业在创新驱动过程中与金融机构、大学、研究组织、政府部门等机构的交往关系中，其主要活动和分布情况：技术咨询 27%，参加会议 18%，管理咨询占 14%，借贷资金 14%，委托产品开发 12%。

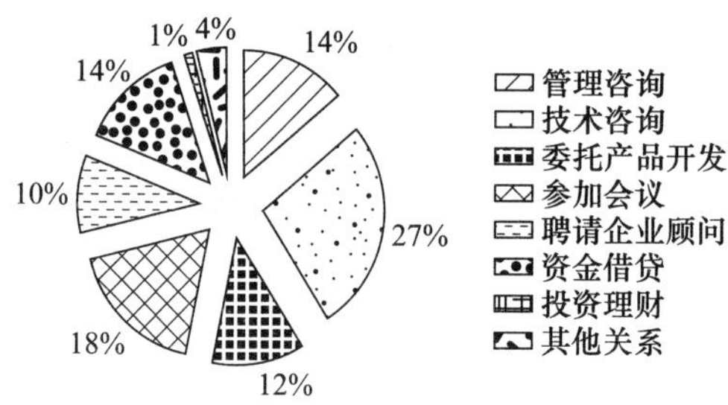

图 10 –28　与金融机构、大学、研究组织、政府部门等机构的交往关系

(四) 创新驱动的流程

1. 创意来源

从调研统计结果来看（见图10－29），企业过去三年产品创意来源于公司内部的占34%，来源于客户的占20%，来源于科研机构的占19%，来源于国外公司与国外市场的占17%，来源于竞争对手的占10%。

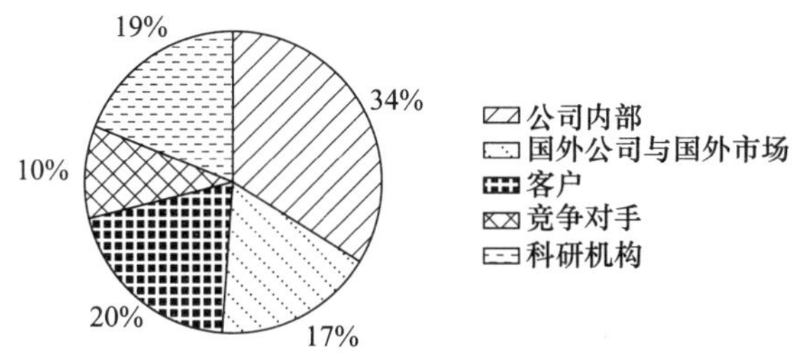

图10－29　公司的主要创意来源

2. 核心技术获取方式

从调研统计结果来看（见图10－30），企业在创新驱动中，其产品和服务核心技术获取方式的情况：内部研发占54%；和外单位合作开发占34%；以技术许可方式购买技术占7%；委托外单位占3%；收购拥有日标企业2%。

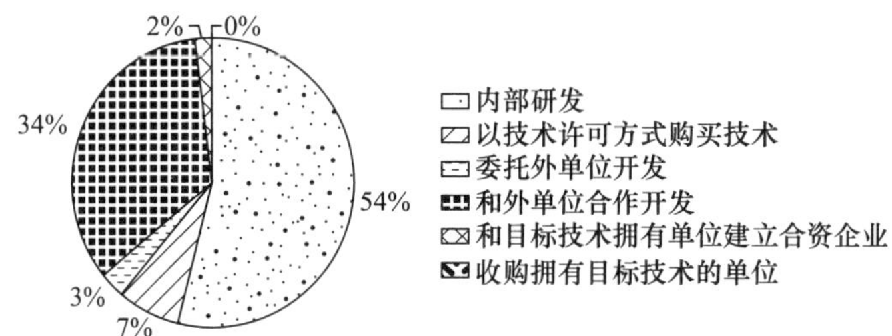

图10－30　产品和服务核心技术获取方式

3. 外围技术获取方式

从调研统计结果来看（见图 10－31），企业在创新驱动中，其产品和服务外围技术获取方式的情况：内部研发占 40%；和外单位合作开发占 37%；委托外单位占 11%；以技术许可方式购买技术占 9%。

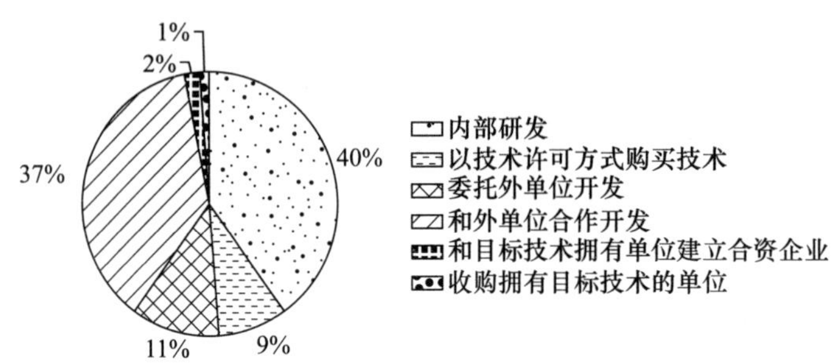

图 10－31　产品和服务外围技术获取方式

4. 基础技术获取方式

从调研统计结果来看（见图 10－32），企业在创新驱动中，在具有较强技术基础的技术获取中，内部研发占 55%，和外单位合作开发占 33%，以技术许可方式购买技术占 6%，委托外单位占 3%。

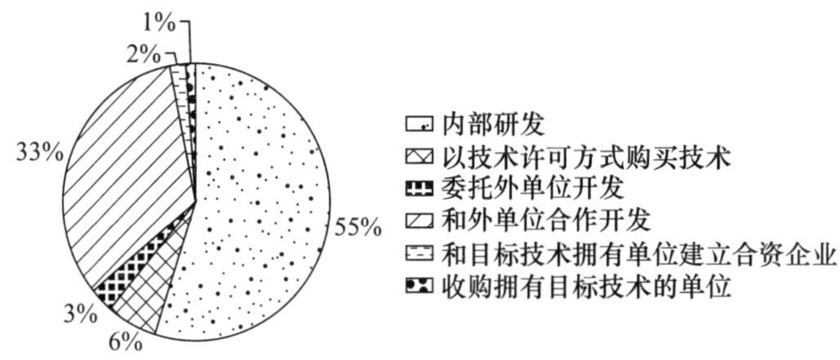

图 10－32　具有较强技术基础的技术获取方式

5. 不具备基础技术的获取方式

从调研统计结果来看（见图 10－33），企业在创新驱动中，在不具技术基础的技术获取中，与外单位合作开发占 44%，委托外单位占 21%，内部研发占 17%，以技术许可方式购买技术占 15%。

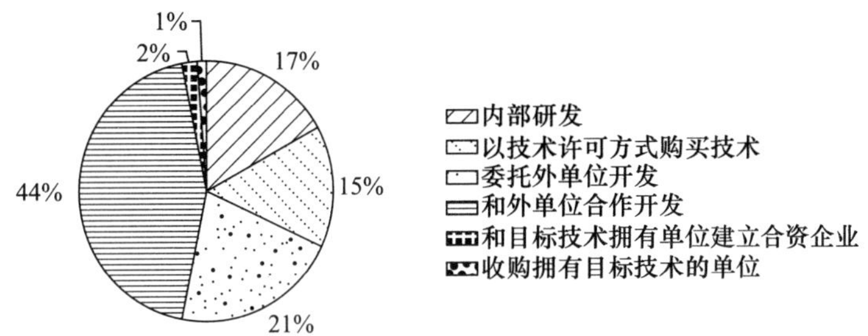

图 10－33　不具有较强技术基础的技术获取方式

（五）产品创新流程的建立

1. 产品创新是否有正式流程

从调研结果来看（见图 10－34），企业在创新驱动中，有正式生产流程的占 93%，没有正式生产流程的只占 7%。

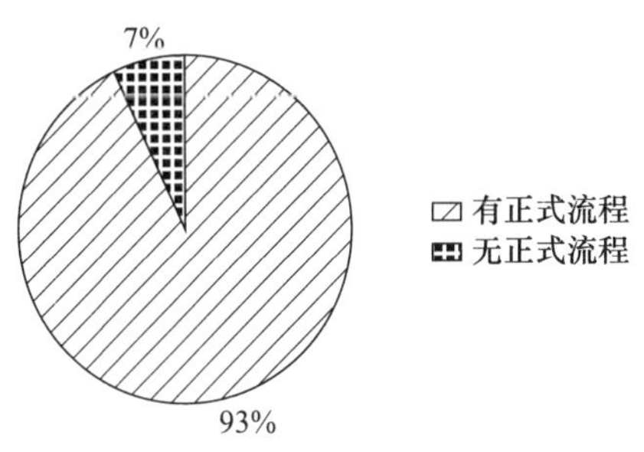

图 10－34　产品创新是否有正式流程

2. 产品创新正式流程建立的时间

根据调研结果（见图 10－35），企业在创新驱动中，建立正式流程的时间，1 年以下的占 6%，1～5 年的占 54%，5～10 年的占 23%，10 年以上的只占 17%。

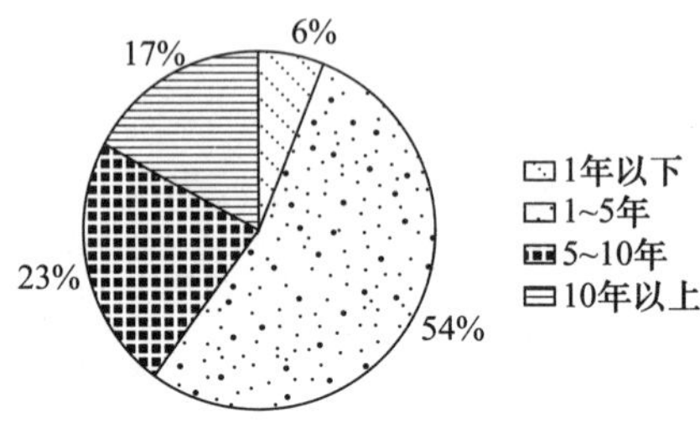

图 10－35　产品创新正式流程建立

3. 产品创新正式流程的建立和改进方式

根据调研结果（见图 10－36），企业创新正式流程的建立和改进的主要方式中，内部探索占 39%，学习模仿占 54%，请专业机构占 19%，其他方式占 11%。

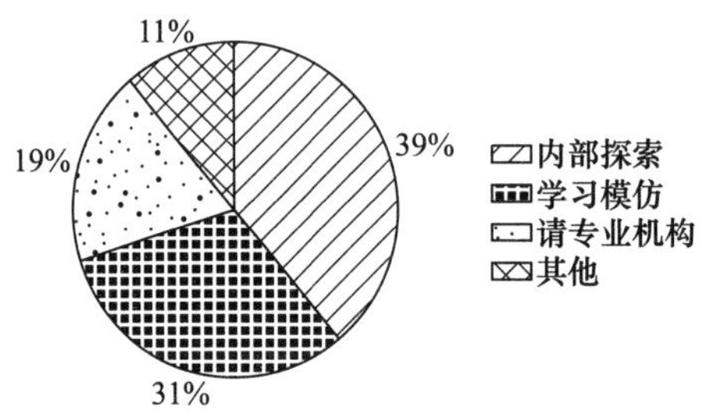

图 10－36　正式流程建立和改进的主要方式

4. 创建创新驱动流程的困难环节

根据调研结果（见图 10－37），企业在创新驱动流程中最困难的

环节，首先是产品概念转化为产品原型，占35%；其次是发现机会筛选方案占18%；再次是顾客参与产品使用及市场测试占16%；然后是设计流程并启动生产占12%；其他占7%。

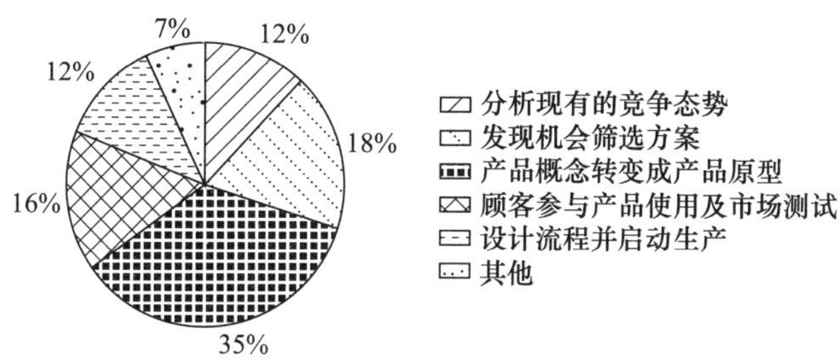

图10－37 创新流程中最困难的环节

（六）创新驱动的绩效

1. 推出新产品成功个数

根据调研结果（见图10－38），企业在创新中，成功推出新产品的个数比：5%以下的占8%；5%～14%占19%；15%～29%占12%；30%～49%占17%；50%～70%占22%；70%以上的占31%。从总体情况来看，成功率较高。

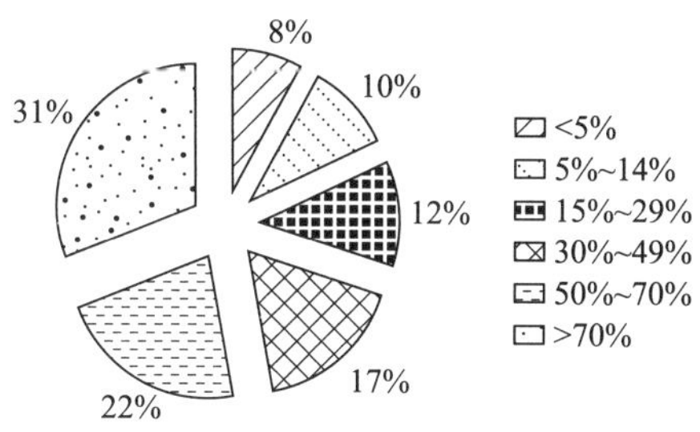

图10－38 推出新产品成功个数比

2. 新产品销售收入

根据调研结果（见图 10 – 39），企业在创新驱动中，新产品销售收入占企业总收入比的情况如下：5% 以下的占 3%，5% ～14% 占 14%，15% ～29% 占 21%，30% ～49% 占 19%，50% ～70% 占 20%，70% 以上的占 23%，如表 10 – 5 所示。

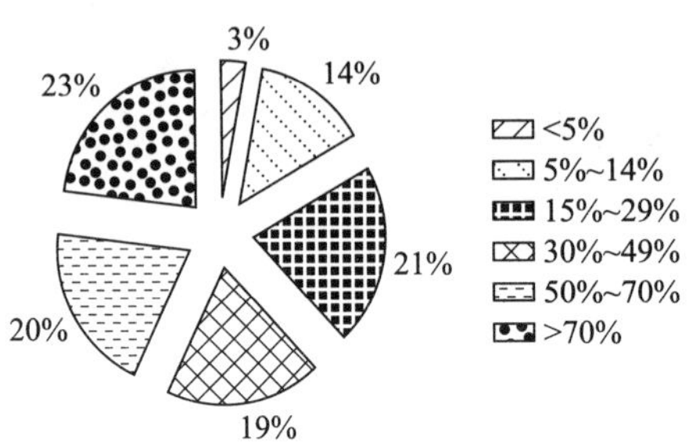

图 10 – 39　新产品销售收入占企业总收入比

表 10 – 5　企业产品创新绩效统计　　单位:%

产品创新的绩效	比例					
	<5	5 ~ 14	15 ~ 29	30 ~ 49	50 ~ 70	>70
已推出上市的新产品中，成功个数比例	8	10	12	17	22	31
新产品销售额占企业总销售额的百分比	3	14	21	19	20	23
新产品利润占企业总利润的百分比	4	11	15	21	28	21

3. 新产品利润

根据调研结果（见图 10 – 40），企业新产品利润占企业总利润比的情况如下：5% 以下的占 4%，5% ～14% 占 11%，15% ～29% 占 15%，30% ～49% 占 21%，50% ～70% 占 28%，70% 以上的占 21%。就总体情况来看，新产品利润占企业总利润比例是较高的。

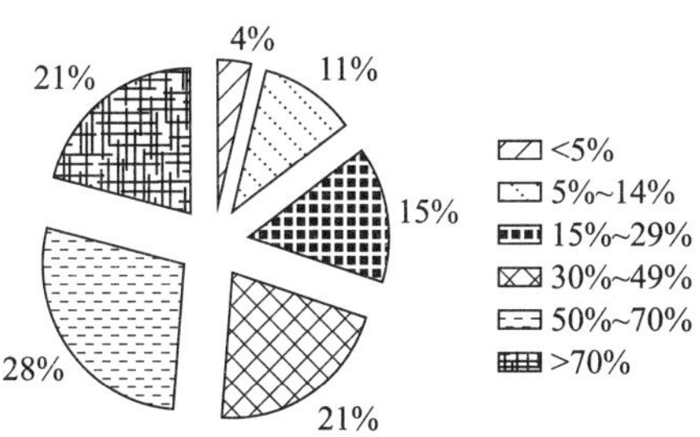

图 10－40 新产品利润占企业总利润比

二、战略性新兴产业创新驱动主体创新的问题

从企业在创新驱动的绩效来看，已推出上市的新产品成功个数比例大于 70% 的占 31%，新产品销售额占企业总销售额 30% 以上的占 62%，新产品利润占企业总利润 30% 以上的占 70%，这说明，创新产品的创新是企业生存和发展的根本所在，应该大力推进相关工作。

但是，从企业建立正式流程的时间来看，1～5 年的占 54%，5～10 年的占 23%，10 年以上的只占 17%，说明企业在新产品的创新过程，还不是依靠企业具有的创新核心力实现的，其主要作用来源于政府的政策推动。这一点，从企业在创新驱动中，受政策、行政管理、法规有较大影响的事实可以得到说明。因此，进一步强化政府在创新驱动中的引导作用是有必要的。就具体情况来看，创新驱动中主体存在的主要问题如下。

（一）人才的培养与引进需进一步加强

从对创新驱动调查来看，产品创新的核心技术和基础技术及产品创意大部分来源于企业内部。因此，这就要求企业必须有相应的人才储备来满足这一需求。特别是在关键核心技术上要有创新团队作为支撑。而从实际的调研来看，企业在创新驱动中对人才的重视是不够的，与发达国家相比，企业在推进高层次人才的引进、海外高层次人才和创新团队的引进上缺乏明显的长效机制。

（二）品牌产品的创新还有较大差距

从调研情况来看，企业在创新驱动中基本有正式流程。但是，建立的流程时间一般在 1 ~5 年。而从国外名牌产品创新的流程来看，一般都在几十年以上。就市场反应来看，创新产品缺乏足够的品牌市场影响力，新产品的市场开拓主要依靠政府的推动，具有自主知识产权的重大战略性创新产品的市场份额偏低。因此，从根本上来讲，实际上还没有形成一大批在国际上有影响的名牌产品和驰名商标产品。

（三）产品创新服务平台建设不够

从调研情况来看，企业在创新驱动中，通过外部合作获取相关技术信息占有重要比例。但是，从另外一方面发现，企业在与外部机构交往过程中，与商业协会、咨询机构、科研院所的交往频率低于与政府、金融机构的交往，这说明企业在创新驱动中，没有建立起完整、有效的服务平台。这一点，在企业创新流程中最困难的环节是产品概念转变成产品原型，以及创新方案筛选的事实可以得到证实。因为从国外产品概念的转化过程来看，主要是利用既有的产业创新服务平台达成的。由此说明，企业在产品的创新过程中，是没有综合利用好区域网络联盟优势的，缺乏创新驱动所需的综合服务平台为其支撑。与外资企业合作交往频率低的事实，也说明企业在全球创新资源的利用上是不够的。

（四）产业链的创新需要进一步关注

从调研情况来看，企业在产品创新过程中与供应商交往的频率远不如与政府或金融机构的交往高。由此可以说明，企业是不太关注产业链相关环节需求变化的，也忽略关键核心技术对产业的带动性，对创新驱动融入全球产业链的意识不强。

（五）产品的创新环境需要进一步改善

从调研来看，企业受政策和法规的影响较大。但是，企业又普遍反映，当前产品创新的政策环境和行政服务环境缺乏针对性，政府的投入力度与企业自身的发展吻合度低，知识产权保护政策落实不够，技术创新的税收优惠政策缺乏监督，明显缺乏区域产品创新长效机制和具体有效的政策指导。

（六）企业创新主体地位需要进一步突出

从调研的综合情况来看，企业与政府和金融机构交往频率高，而与竞争对手、研究院所、咨询机构等的交往频率普遍偏低。这表明，企业在产品创新的过程中，其市场主体地位还不够突出。因为在当企业成为产品创新的市场主体时，一定是与竞争对手、研究院所、咨询机构等保持较为频繁的交流。

三、战略性新兴产业创新驱动主体创新策略

（一）基于人才政策制度的创新人才队伍建设

1. 创新的关键在人才

人才队伍建设重点是完善人才激励机制，强化“引进、培养、使用”三个环节。推进高层次人才的引进，依托国家千人计划和省千人计划，引进一批海外高层次人才，引导和支持归国留学人员创新创业。

2. 加强创新创业人才的系统培养

省级相关的人才计划要向创新创业人才倾斜，积极支持创新创业人才不断产生创新成果，服务经济社会发展。从提供舞台和环境营造方面大胆使用人才，促进其顺利成长。

3. 加强创新人才的创新

积极发挥以省内各大高校在创新类复合型人才创新上的积极作用；加强与境外高等院校和专业培训机构的合作，强化创新教育培训，加大创新人才资源开发；通过开展学历教育、组织专业讲座、组织国内外创新专家授课等形式，为创新人才提供继续深造机会，提高创新从业人员的专业素质，为创新创业发展提供充足的人才储备。

4. 国内外优秀人才的引进

加强与国内外创新人才的交流与合作，汇聚具有国际化视野的高端创新人才和既懂创新技术又懂经营管理的人才。拓宽人才引进的绿色通道，定期编制发布创新产业人才开发目录，采取团队引进、核心人才带动引进等多种方式引进海内外高端人才、复合型人才、营销人才等。引导和鼓励企业采取高薪聘用、兼职等多种方式引进人才，造就高素质的创新专业人才和经营管理人才队伍。

5. 人才激励机制的完善

对创新产业的突出贡献者给予表彰和奖励。对拥有特殊才能和自主知识产权的人才，以知识产权、无形资产、技术要素等作为股份参与企业利润分配。鼓励创新企业以股权、期权等形式给予其高级管理人员奖励，更好地吸引人才、留住人才。

（二）创产品品牌

国内外产品发展的经验表明，凡是能够形成核心竞争力的创新产品，都是具有区域特色的品牌产品。因此，围绕创新一批名牌产品和

驰名商标产品，着力推出更多具有自主知识产权的重大战略性创新产品，以此扩大创新产品的市场影响力是很重要的。

1. 支持重点产品品牌发展

依据创新产品现状和市场需求，确定重点发展的产品品牌。如新材料中的先进金属材料，如生物产业中的生物医药和现代中药，这些产品发展基础很好，应进一步树立品牌意识。

2. 鼓励开发新产品品牌

目前，创新产品的许多行业还处于刚起步状态，如传感和物联网、太阳能光伏、新能源汽车等。也有一些行业缺乏系列产品，定制能力和灵活性不强。为促进这些行业的发展，可制定鼓励创新产品品牌开发的政策。对于产业带动性大的新产品，可通过行政政策支持市场占有率。

（三）基于范式技术研发的产业关键核心技术创新

围绕产业链部署创新链，突破一批重大关键技术，加强原始创新、集成创新和引进消化吸收再创新，推动产业技术创新、带动产业升级。加强先进技术集中攻关和应用示范，建设现代服务业支撑体系，促进电子商务、网络游戏、移动多媒体等现代新兴服务业加快发展。大力发展高端产业，主动融入世界技术和产业发展方向，以创新引领高技术产业加快发展。

推进产业从加工组装向自主研发制造延伸，提升产业附加值和核心竞争力，实现新兴核心技术改造传统产业的落后技术，推动传统产业转型升级。积极争取国家重大专项、“973”计划、“863”计划、支撑计划和中小企业创新基金的支持，集中力量突破一批支撑战略性新兴产业发展的关键共性技术，掌握一批核心技术的自主知识产权。加强创新成果产业化，提升产业核心竞争力。

（四）基于综合服务系统的综合服务平台搭建

为有效改善产品创新环境，扭转当前产品创新服务缺乏针对性的局面，富有成效地落实各项政策，搭建有效率的创新综合服务平台是非常必要的。大力发展物流、电子商务、软件服务、服务外包、工业设计等以及生活服务业、文化产业等服务业体系，促进现代服务业的形成。

1. 优化政策环境和行政服务环境

进一步优化政策环境和行政服务环境，为高新企业发展提供更大支持、创造更好条件。加大政府投入力度，引导企业和社会增加研发投入，加强高新企业知识产权保护工作，完善推动企业技术创新的税收政策，加大资本市场对新型企业的支持力度。

2. 搭建公共技术研发平台

一是依托不同的创新产品企业建立行业的公共技术服务平台。二是依托产业园区的不同产业集群建立服务于本集群的公共技术服务平台。三是依托高等院校或科研院所建立若干既服务于本机构又能为企业研发提供支持的公共技术研发平台。

3. 搭建国际合作平台

深化国际交流合作，充分利用全球创新资源，在更高起点上推进自主创新，形成核心竞争力。

（五）基于工程项目孵化的创新驱动机制建设

进一步完善“政府引导、市场主导、企业运作，产—学—研—用相结合”的产业发展模式，完善各部门、各街区协调推进重点项目的程序，建立健全创意、设计成果转化平台，调动社会各种力量发展创新产品的积极性。

1. 建立健全创新驱动的协调推进机制

加强创新驱动决策研究，建立健全创新驱动统计制度和指标体系，切实加强创新产品发展的形势分析和预测预警工作，增强产业调控的有效性和决策的科学性。鼓励企事业单位及个体创意人员，利用一切符合创新产品生产规律的经营方式和组织形式，发展创新产品。积极争取国家对重点创新产品园区和企业的政策资金扶持，简化完善政策兑现流程，抓好政策兑现落实工作，保证政策资金及时到位，引导企业健康发展。

2. 完善推进创新驱动项目领导工作机制

实施项目目标负责制度，加强项目管理的责任落实。转变服务方式，理顺服务企业工作机制，建立重点企业定期走访、征求企业意见建设等制度，科学、高效地为创新驱动服务。实行项目推进协调制度，建立创新产品工作联席会议制度，建立经常性项目推进协调机制，实行项目专报制度、项目定期通报制度、项目绩效考核制度、项目责任追究制度，完善促进创新驱动的制度保障。

（六）制定创新驱动政策体系

贯彻落实国家、省创新驱动的相关政策，研究制定实施细则，完善配套政策。

1. 制定实施创新驱动支持政策

对创新企业、创新产品集聚区、创新产品项目给予税收、土地、资金等方面的政策扶持。落实鼓励自主创新、促进产品出口、加强知识产权保护等方面的政策法规，为创新产品发展提供有力保障。鼓励投资主体多元化，完善多种经济成分共同发展的创新产品格局。

2. 制定实施中小型创新企业支持政策

加大对新兴创新行业中小企业的支持力度，鼓励商业银行重点支持中小创新企业，支持社会力量建立风险投资和担保公司，为中小创新企业提供融资服务。

3. 制定实施创新驱动的分类指导政策

扶持一批具有重要示范、引导、带动作用的重点项目。针对创新产品发展的具体需求，制定完善具体行业的扶持政策，增强政策的针对性和有效性。制定知识产权保护与奖励政策，加强知识产权保护，对创意成果应用、知识产权评估、抵押融资和贸易等进行扶持。制定创新产品行业政策，优先扶持重点行业发展。

（七）基于网络模块联盟的创新主体地位的强化

企业是技术创新的主体，增强企业创新能力是一项事关长远发展的重大任务。建立企业主导研发创新和成果转化机制，推动企业成为创新决策、研发投入、科研组织和成果应用的主体。鼓励、支持企业建设一批高水平研发机构，依托企业牵头组建一批产业技术创新联盟和产业技术研究院。大力创新中小型企业，通过创新创业孵化、建立创投引导基金、开展技术创新融资等方式，引导和支持中小企业开展技术创新活动，发挥创新创造活力。

（八）基于网络模块联盟的产业链的建设

从调研情况来看，企业在产品创新过程中与供应商交往的频率远不如与政府或金融机构交往的频率高。由此可以说明，企业不太关注产业链相关环节的需求变化，也较忽略关键核心技术对产业的带动性，对创新驱动融入全球产业链的意识不强。

四、本章小结

本书在实际调研和问卷调查的基础上对战略性新兴产业创新驱动

的现状与问题进行了研究。结果表明，战略性新兴产业创新驱动中创新主体存在的主要问题：人才的培养与引进需进一步加强；品牌产品的创新还有较大差距；产品创新服务平台建设不够；产业链的创新需要进一步关注；产品的创新环境需要进一步改善；企业创新主体地位需要进一步突出。由此，本书根据战略性新兴产业创新驱动路径，提出了相应的策略。主要包括以下内容：建设创新人才队伍；创造产品品牌；推进产业关键技术创新；搭建创新综合服务平台；完善创新驱动机制；制定创新驱动政策体系；强化企业创新主体地位。

第十一章

结　论

本书的主要结论如下：

其一，本书认为，战略性新兴产业是以重大技术突破和重大发展需求为基础，对经济社会全局和长远发展具有重大引领带动作用的知识技术密集、物质资源消耗少、成长潜力大、综合效益好的产业。由于是新兴产业，战略性新兴产业的发展将是不确定的。其主要原因是促进战略性新兴产业发展的相关因素不稳定，包括市场需求、关联产业、关键技术、产业竞争、产业政策和辅助产业等方面的不稳定性。在创新驱动过程中，创新产品是创新驱动的基础，而创新产品的创新是依靠三个层次实现的：环境层——包括资源禀赋、自然环境、人才环境等；保障层——体现在体制机制保障和转化条件保障，体制机制层保障包括激励机制、协调机制、体制等；核心层——在这个层次中创新投入要素相互融合，在创新主体中自由流动。创新投入要素包括技术、人才、信息、资金等，创新个体包括政府、大学、企业、科技园区和中介机构等。

其二，本书认为，创新驱动主要是依靠基本创新活动中的研发、应用、推广和辅助创新活动中组织、管理、服务等环节实现的。同时，在基本创新活动的研发环节都有辅助活动的组织、管理和服务活动，在基本创新活动的应用环节也有辅助活动的组织、管理和服务活动，在基本创新活动的推广环节有辅助活动的组织、管理和服务活动。创新驱动和战略性新兴产业的实现是密切联系的。主要是因为：①创新驱动有利于战略性新兴产业市场需求扩展；②创新驱动有利于战略性新兴关联产业的形成；③创新驱动有利于战略性新兴辅助产业的形成；

④创新驱动有利于战略性新兴产业政策的完善；⑤创新驱动有利于战略性新兴产业范式技术创新；⑥创新驱动有利于协调战略性新兴产业竞争。

其三，本书认为，战略性新兴产业创新驱动是指战略性新兴产业创新驱动个体在面对不确定的技术与市场的环境下，为实现具有产业带动大、成长潜力强的重大技术突破、重大发展需求而形成的创新行为；战略性新兴产业创新驱动的目的主要是实现要素驱动转向创新驱动，实现产业结构转型，提高产业国际竞争力；战略性新兴产业发展中创新驱动的主体是高技术企业，个体主要包括企业、中介机构、政府、研发机构；战略性新兴产业创新驱动面对的是不确定的技术环境和市场环境；战略性新兴产业创新驱动系统是指战略性新兴产业创新驱动个体在面对不确定的技术与市场的环境下，为实现具有产业带动大、成长潜力强的重大技术突破、重大发展需求而形成的演化结构体系，其结构系统包括不确定的外部环境、主要创新个体、主要创新的内容。战略性新兴产业创新驱动演化系统控制要素包括范式技术研发、综合服务系统、工程项目孵化、产业化示范工程、人才政策制度、网络模块联盟等。本书认为，战略性新兴产业创新驱动演化系统控制可使创新驱动个体获得主导设计技术知识信息、可使创新驱动个体获得市场需求信息、可使创新驱动个体获得有效资源，可对战略性新兴产业发展中创新驱动的困境有缓解作用，推动创新驱动的实现。战略性新兴产业创新驱动系统演化有其必然性，因为创新主体为适应产业复杂环境变化将促进创新驱动体系演化系统形成，战略性新兴产业发展的不确定性规定创新驱动系统演化的内容，创新驱动价值活动规定创新驱动系统演化的范围。战略性新兴产业发展中创新驱动必须有新兴资本积累作为条件，主要包括新兴物质资本积累、新兴知识资本积累、新兴人力资本积累。因为新兴人力资本积累有利于创新型人才、创业型人才、专业型人才的形成；新兴知识资本积累有利于前沿性知识、突破性基础知识和共生性技术知识的形成；新兴物质资本积累有利于先进设备、新材料、新能源、绿色资源的获得。

其四，本书认为，战略性新兴产业创新驱动系统演进正是在隐形新兴知识的吸引性变化下实现的，表现出隐形新兴知识的吸引性演化、关键共性技术的突变性演化是其重要内容、产品应用的分叉性演化。战略性新兴产业创新驱动演化系统控制要素包括范式技术研发、综合服务系统、工程项目孵化、产业化示范工程、人才政策制度、网络模块联盟等。本书中战略性新兴产业创新驱动演化系统控制可使创新驱动个体获得主导设计技术知识信息、可使创新驱动个体获得市场需求信息、可使创新驱动个体获得有效资源，可对战略性新兴产业发展中创新驱动的困境有缓解作用，推动创新驱动的实现。

本书认为，推动战略性新兴产业发展中创新驱动的主体是高技术企业，个体主要包括企业、中介机构、政府、研发机构。同时，本书认为，创新主体的多样性变异功能促进创新驱动的运行；创新主体的遗传性保存能力推动创新驱动的运行；创新主体的核心优势能力的增强加快了创新驱动的运行；创新主体之间的协同有助于创新驱动的运行。

其五，基于供应链整合的创新主体依靠网络实现自适应，创新主体依靠产品设计创新实现自适应能力提升，创新主体通过提高顾客需求价值在生产方式中实现的程度增强自适应能力。战略性新兴产业创新驱动的主体创新实现的条件主要表现在六个方面：一是市场需求，二是关联产业支持，三是产业范式技术创新，四是产业竞争环境，五是产业政策的完善，六是辅助产业兴起。

其六，本书研究结果表明，战略性新兴产业创新驱动存在的主要问题如下：人才的培养与引进需进一步加强；品牌产品的创新还有较大差距；产品创新服务平台建设不够；产业链的创新需要进一步关注；产品的创新环境需要进一步改善；企业创新主体地位需要进一步突出。由此，本书根据战略性新兴产业创新驱动路径，提出了相应的策略。主要包括以下内容：建设创新人才队伍；创产品品牌；推进产业关键技术创新；搭建创新综合服务平台；完善创新驱动机制；制定创新驱动政策体系；强化企业创新主体地位。

附　录

附录1　战略性新兴产业创新驱动调查问卷

➢本问卷应由负责研发、创新以及企业规划的管理人员填写。

➢本问卷所说的“创新”指企业通过新产品、新流程、新服务、新事业等方式将创意变成价值的过程，包括能够给企业的经营绩效带来正面影响的管理活动，不限于技术活动。

➢以下所有问题只需针对您最了解的产品部门或事业部。

➢下表信息仅供对问卷所涉及问题进行回访时作为联络之用。

公司名称：	地点：__________市/县/区
填写人姓名：	职务：
手机：	电子邮箱：

第一部分　创新环境及战略

请您判断下列陈述与贵公司所在行业情况的符合程度（若贵公司跨行业经营，则您只需针对您最熟悉的行业），并在最适当的数字上打“√”，完全不符为“0”，完全相符为“5”。

1. 贵公司的创新活动受到客户很大影响　0 1 2 3 4 5
2. 贵公司对客户的变化非常了解　0 1 2 3 4 5

3. 贵公司的创新活动受到供应商的很大影响 0 1 2 3 4 5
4. 贵公司对供应商发生的变化非常了解 0 1 2 3 4 5
5. 贵公司的创新活动受到竞争对手很大影响 0 1 2 3 4 5
6. 贵公司对竞争对手的变化非常了解 0 1 2 3 4 5
7. 贵公司的创新活动受到政策、行政管制影响很大 0 1 2 3 4 5
8. 贵公司对政策、行政管制的变化非常了解 0 1 2 3 4 5
9. 市场需求变化对贵公司的创新活动影响很大 0 1 2 3 4 5
10. 贵公司对市场需求的变化非常了解 0 1 2 3 4 5
11. 贵公司的经营活动受到技术因素的影响很大 0 1 2 3 4 5
12. 贵公司可以预见行业内绝大多数的技术变化 0 1 2 3 4 5
13. 贵公司产品技术的响应速度很快 0 1 2 3 4 5
14. 行业中的工艺技术变化很快 0 1 2 3 4 5
15. 专利法律、法规能够有效地保护贵公司的产品技术 0 1 2 3 4 5
16. 专利法律、法规能够有效地保护贵公司的工艺技术 0 1 2 3 4 5
17. 与行业有关的其他企业大多数知道贵公司的名字 0 1 2 3 4 5
18. 其他企业经常希望贵公司能够提供帮助 0 1 2 3 4 5

第二部分　产品创新的组织与经营

请您判断下列陈述与贵公司情况的符合程度，并在最适当的数字上打“√”，完全不符为“0”，完全相符为“5”。

1. 贵公司十分强调在市场竞争中的主动权 0 1 2 3 4 5
2. 成为本行业的领导企业对贵公司而言非常重要 0 1 2 3 4 5
3. 比竞争对手更早地推出新产品对贵公司非常重要 0 1 2 3 4 5
4. 员工可以自由地改进工作方法，以提高效率 0 1 2 3 4 5
5. 贵公司的规章制度有利于激发员工的创造性 0 1 2 3 4 5
6. 各层级员工都有和贵公司以外的其他机构进行交流的机会 0 1 2 3 4 5
7. 合作伙伴可以很容易地联系上贵公司的相关人员 0 1 2 3 4 5
8. 贵公司配备了足够的专职人员处理各种对外交流合作关系 0 1 2 3 4 5
9. 不同部门的人员很容易开展相互交流 0 1 2 3 4 5

10. 当贵公司遇到困难时，合作伙伴会尽力提供一些帮助　0 1 2 3 4 5

11. 贵公司相信合作伙伴会很好地履行合作内容　0 1 2 3 4 5

12. 贵公司认为与合作伙伴的长期关系比眼前利益更加重要　0 1 2 3 4 5

13. 贵公司主要依赖其他企业或机构以获得新的技术　0 1 2 3 4 5

14. 与外部购买相比，贵公司在内部研发上的投入更多　0 1 2 3 4 5

15. 与主要竞争对手相比，贵公司的资金非常充足　0 1 2 3 4 5

16. 与主要竞争对手相比，贵公司拥有的技术资源很多　0 1 2 3 4 5

17. 与主要竞争对手相比，贵公司的研发能力很强　0 1 2 3 4 5

18. 与主要竞争对手相比，贵公司的设备很先进　0 1 2 3 4 5

第三部分　产品创新

1. 企业产品创新是否有正式流程？

□有正式流程　□无正式流程

2. 正式流程建立的时间？

□1 年以下　□1 ~5 年

□5 ~10 年　□10 年以上

3. 企业产品正式流程建立和改进的主要方式？

□内部摸索　□学习模仿

□请专业机构　□其他

4. 贵公司过去三年中创意的来源为（最多选两项）

□公司内部（如员工建议等）　□国外公司与国外市场

□客户　□竞争对手

□科研机构

5. 对于贵公司产品或服务的核心技术（关键性技术），贵公司通常以什么方式获取？（最多选两项）

□内部研发　□以技术许可方式购买技术

□委托外单位开发　□和外单位合作开发

□和目标技术拥有单位建立合资企业　□收购拥有目标技术的单位

6. 对于贵公司产品或服务的外围技术，贵公司通常以什么方式获

取？（最多选两项）

□内部研发　□以技术许可方式购买技术

□委托外单位开发　□和外单位合作开发

□和目标技术拥有单位建立合资企业　□收购拥有目标技术的单位

7. 对于贵公司具有较强技术基础的技术，贵公司通常以什么方式获取？（最多选两项）

□内部研发　□以技术许可方式购买技术

□委托外单位开发　□和外单位合作开发

□和目标技术拥有单位建立合资企业　□收购拥有目标技术的单位

8. 对于贵公司不具备技术基础的技术，贵公司通常以什么方式获取？（最多选两项）

□内部研发　□以技术许可方式购买技术

□委托外单位开发　□和外单位合作开发

□和目标技术拥有单位建立合资企业　□收购拥有目标技术的单位

9. 创新流程中最困难的环节是什么？

□分析现有的竞争态势　□发现机会筛选方案

□产品概念转变成产品原型　□顾客参与产品使用及市场测试

□设计流程并启动生产　□其他

第四部分　企业合作

1. 贵公司与其他企业有如下哪些交往关系？（可多选）

□购买机器设备　□购买原材料、元件　□技术许可、转让

□业务外包　□接受订单　□合作研发

□联合生产　□特许经营　□合作营销

□持有企业股份　□合资建立新企业　□市场竞争

□管理咨询　□资金借贷　□培训员工

□贴牌生产　□获取市场信息　□推荐客户

□解决生产难题　□参观考察　□租用办公场所

□捐赠　□担任顾问（外部董事）□其他关系

2. 贵公司与其他企业交流合作的主要原因是哪些？（可多选）

□提高专业化程度　　□降低成本

□提高产品/服务质量　　□降低风险

□共同开拓市场　　□增加信息渠道

□其他

3. 贵公司和金融机构、大学、研究组织、政府部门等机构有如下哪些交往关系？（可多选）

□管理咨询　　□技术咨询　　□委托产品开发

□参加会议　　□聘请企业顾问　　□资金借贷

□投资理财　　□其他关系

4. 在过去三年中，贵公司与其他企业或机构交往的频率（注：本题与下面第5题涉及的企业与“金融机构”的交往是指企业为经营融资、投资的活动，不指企业与其日常的财务往来）？

	没有交往	每年1~2次	每月不到1次	每月1~2次	每月3~4次	每周1~2次	每周2次以上
主要的供应商	□	□	□	□	□	□	□
主要的客户	□	□	□	□	□	□	□
主要代理商	□	□	□	□	□	□	□
商业协会	□	□	□	□	□	□	□
政府部门	□	□	□	□	□	□	□
金融机构	□	□	□	□	□	□	□
大学及科研机构	□	□	□	□	□	□	□
咨询机构	□	□	□	□	□	□	□

5. 在过去三年中，贵公司从其他企业或机构得到的帮助是什么？

	很少			程度			很多
	1	2	3	4	5	6	7
主要的供应商	□	□	□	□	□	□	□
主要的客户	□	□	□	□	□	□	□
主要代理商	□	□	□	□	□	□	□
商业协会	□	□	□	□	□	□	□
政府部门	□	□	□	□	□	□	□
金融机构	□	□	□	□	□	□	□
大学及科研机构	□	□	□	□	□	□	□
咨询机构	□	□	□	□	□	□	□

6. 请对上述各交往关系的重要程度排序。（最不重要为 1，最重要为 8，依次类推，不要重复）

□供应商　　□用户　　□代理商

□商业协会　　□政府部门　　□金融机构

□大学及科研机构　　□咨询机构

第五部分　企业绩效

1. 目前贵公司在国内同行业中的地位：

□后 1/3　　□中间 1/3　　□前 1/3

□最成功

2. 过去三年中，贵公司年销售额的平均增长率估计：

□ <5%　　□5% ~14%　　□15% ~29%

□30% ~50%　　□ >50%

3. 过去三年中，贵公司的年平均净资产收益率估计：

□ <1%　　□1% ~4%　　□5% ~9%

□10% ~14%　　□15% ~20%　　□ >20%

4. 贵公司目前的市场份额估计：

□ <1%　　□1% ~4%　　□5% ~9%

□10% ~19%　　□20% ~50%　　□ >50%

5. 过去三年中，贵公司已推出上市的新产品中，成功的个数估计占多大比例：

□ <5%　　□5% ~14%　　□15% ~29%

□30% ~49%　　□50% ~70%　　□ >70%

6. 过去三年中，贵公司开发的新产品的销售额占企业总销售额的百分比估计：

□5%　　□5% ~14%　　□15% ~29%

□30% ~49%　　□50% ~70%　　□ >70%

7. 过去三年中，贵公司所开发的新产品的利润占企业总利润的百分比估计：

□ <5%　　□5% ~14%　　□15% ~29%

□30% ~49%　　□50% ~70%　　□ >70%

第六部分 对策建议

你认为创新产品目前存在的主要问题是什么？创新产品的有效对策是什么？

第七部分 企业基本信息

1. 贵公司成立于哪一年？________年	所在市：________	是否上市：□是 □否
2. 公司性质：□国有及控股 □外资及控股 □民营 □其他		
3. 所属行业：□电气机械及器材制造业 □通信设备、计算机及其他电子设备制造业 □交通运输设备制造业 □通用、专用设备制造业 □办公机械、仪表 □家具制造业 □文教体育用品 □纺织、服装 □石油、化学、化工 □医药、生物制品 □金属、非金属制品 □食品、饮料 □电信、计算机服务和软件业 □金融 □交通运输、邮政和旅游服务 □其他，请注明：业务流程外包（BPO）________		
4. 从业人员数：□<300 人 □300~2000 人 □>2000 人		
5. 资产总额（人民币）：□<4000 万元 □4000 万~4 亿元 □>4 亿元		
6. 年销售额（人民币）：□<3000 万元 □3000 万~3 亿元 □>3 亿元		
7. 请列出主要产品类别（<4 类）： 数据处理、票据审核、财务外包、语音服务		
8. 研发投入占销售收入的比例：□<1% □1%~4% □5%~10% □>10%		
9. 研发人员占员工总人数的比例： □<2% □2%~4% □5%~9% □10%~14% □15%~30% □>30%		
10. 您所在的部门是：□营销 □销售 □服务 □研发 □产品 □工程技术 □生产 □总部 □其他，请注明__________		
11. 您目前的职务是：□总经理/副总经理 □总监 □部门经理 □事业部经理 □项目经理 □其他，请注明__________		

附录 2　战略性新兴产业创新驱动总表

一、新能源及新能源汽车领域

序号	项目名称	拟解决的重大关键共性技术
1	无钕贮氢合金规模化生产关键技术	解决无钕贮氢合金规模化生产过程原材料控制与预处理技术、真空感应熔铸工艺优化与控制技术、真空热处理工艺控制技术、惰性气体保护制粉技术、产品品质稳定性一致性控制技术，为汽车用镍氢动力电池提供高品质关键材料
2	镍氢动力电池关键技术	解决动力电池设计、材料与配方、极片制造、集流与导热、装配与组合等关键技术，为混合动力汽车及纯电动汽车提供高品质镍氢动力电池组
3	LED 散热器材料与散热器制造关键技术	LED 散热器性能好坏直接影响 LED 的能效及寿命，应着重解决 LED 散热器设计及强化传热技术、材料选择与纯化技术、强度与导热匹配技术、散热器挤压制造技术等
4	室温磁制冷关键技术	室温磁制冷是替代现有空调冰箱等的先进制冷技术之一，具有典型的环保节能效应，在此领域四川省与国际保持同一水平。应着力解决室温磁制冷材料、磁体设计与制造、换热及强化换热技术、磁制冷整机设计与制造技术等，重点产品包括冷藏箱及空调等
5	高效率、高产能、低成本碲化镉太阳电池关键技术研究开发	①碲化镉/硫化镉多晶薄膜的一体化高速沉积技术 ②关键功能膜层的表面改性技术 ③新型背接触层和复合背电极技术 ④碲化镉薄膜太阳电池的高速激光刻画及串联集成技术 ⑤碲化镉薄膜太阳电池的稳定性研究及改进
6	薄膜太阳电池用透明导电膜的大面积制造技术研发	①CVD 方法在浮法玻璃生产线制备光面二氧化锡薄膜 ②CVD 方法在浮法玻璃生产线制备绒面二氧化锡薄膜 ③二氧化锡薄膜的表征研究

二、新材料领域

序号	项目名称	拟解决的重大关键共性技术
1	改良西门子法生产多晶硅副产物综合利用	四氯化硅氢化技术 光纤四氯化硅制备技术 气相白炭黑制备技术 有机硅单体制备技术
2	秸秆等可再生生物质纤维素	①农作物秸秆等可再生生物质纤维素的环保化提取过程中的次（亚）临界控制和环保化萃取技术 ②从可再生生物质材料提取纤维素的连续化生产成套装备与控制技术 ③农作物秸秆纤维素的纯化及其多层次物理和化学结构调控的相关工艺技术 ④可再生生物质纤维素的纺丝与应用技术
3	多尺度多功能环境净化纳米材料	①纳米氧化锌晶须的结构、掺杂、敏化和纳米组装等改性控制技术 ②具有复合催化效果的纳米半导体制备与催化活性控制技术 ③在具有催化活性的 T－ZnOw 等纳米材料表面原位合成具有吸附功能的多孔纳米材料控制技术 ④多尺度多功能环境净化纳米材料的产业化制备与应用产品化关键技术
4	先进植入与介入器械	①植入介入器械材料制备关键技术 ②植入介入器械表面改性技术 ③表面内皮化诱导技术 ④植入介入器械高效精密加工技术 ⑤植入介入器械降解控制与药物控释技术
5	半导体 LED 室内外照明	①高品质高稳定性 LED 芯片的制备技术 ②大功率 LED 的综合技术公关 ③LED 室内暖色照明技术
6	新型稀土发光材料	①LED 照明用红色发光材料（国内空白） ②稀土红色长余辉发光材料制备技术（国内外共性技术难题）
7	从钒钛磁铁矿直接还原，综合提取铁、钒、钛	①成套设备 ②工艺流程 ③工艺参数
8	钛材及特种钛合金	①特种钛合金成分组成的确定 ②特种钛合金的组织与性能 ③制备工艺技术

三、新一代信息技术领域

序号	项目名称	拟解决的重大关键共性技术
1	面向四川省物联网典型应用的无线射频与机器视觉技术	①非可视动态物体自动检测跟踪的无线射频技术 ②面向四川省物联网典型应用的软硬件技术集成应用平台 ③面向基层民众的分散式电子普选系统及其网络多媒体终端技术 ④可视内容高速检测与自动识别的核心算法与关键技术 ⑤分布式图像信息处理与机器视觉技术 ⑥高维图形码的关键技术与核心应用解决方案
2	高端数字医疗设备的病理脏器多维仿真与虚拟现实技术	①基于 CT、MRI 的（半）自动化人体脏器建模的核心算法与关键技术 ②力学仿真功效的人体脏器运动状态分析平台技术 ③人体器官病理多维仿真与虚拟现实软件技术 ④临床与教学集成应用的数字医疗终端技术
3	面向云存储的新一代高可信分布式计算技术	①分布式多源数据柔性容错技术 ②海量数据分布式存储、网络调度与管理技术 ③面向云存储的低成本高可靠 RAID 体系结构 ④面向云存储的高可信分布式存储服务体系结构 ⑤基于云存储系统的网络信息柔性生存与灾难恢复技术
4	裸视 3D 显示器与摄像机	①双目视差立体视觉技术 ②立体观看视疲劳消除技术 ③裸视 3D 显示技术 ④3D 摄像技术 ⑤2D 图像转 3D 图像技术
5	在新一代信息技术领域中增加“三网融合技术”	①下一代网络技术（NGN） ②三网融合的综合业务平台 ③三网融合的接入网技术 ④三网融合终端产品 ⑤三网融合相关技术标准 IPTV 系统架构与应用
6	三维视觉生成技术	①单一二维影像生成三维视觉的核心算法及普通影像的立体化技术 ②融合多源视觉信息，产生高可信立体视觉关键技术 ③高可信立体视觉实时生成核心应用解决方案

续表

序号	项目名称	拟解决的重大关键共性技术
7	新一代高精确智能视频分析技术	①生物特征识别及立体仿真技术 ②复杂场景下的被动式智能目标识别与跟踪技术 ③多智能体联合感知融合技术 ④实现复杂多源视频下智能监控的关键技术与核心应用解决方案

四、生物医药与农业领域

序号	项目名称	拟解决的重大关键共性技术
1	超级动植物新品种培育重大关键共性技术研究	开展绿色超级稻、超级玉米、超级油菜、超级小麦、优质风味猪等超级动植物新品种培育重大关键共性技术研究，主要包括利用航天诱变、辐射诱变等创制新型材料，拓宽种质资源；开展分子设计育种技术及基因定位与克隆；利用分子标记辅助选择技术聚合多个抗病、抗逆基因，增强材料抗病、耐逆和高产特性，充分发掘利用四川省猪、鸡、牛地方资源，采用平衡选择技术、基因聚合育种技术、现代繁殖技术，培育具有地方特色的优质新品种（系）
2	特色经济作物新品种培育重大关键共性技术研究	开展特色水果、优质或保健功能蔬菜、超性杂交食用菌和药用菌、优质抗病烟草、高蛋白优质饲草、专用蚕桑、专用马铃薯、优质苎麻等突破性特色经济作物新品种培育重大关键共性技术研究，包括远缘原生质体杂交技术、基因聚合技术、细胞工程技术、基因杂交重组技术等
3	新型高效兽用疫苗及兽药重大关键共性技术研究	开展鸭用疫苗、兔用疫苗、猪伪狂犬病疫苗、多肽兽药等重大关键共性技术研究，主要包括酶工程定向内切技术、多肽包活性提取及化学修饰技术、工程菌优选及下游纯化技术、灭活疫苗生产技术等
4	现代配方中药	活性成分筛选、提取和分离
5	中药安全性评价体系的构建	中药的安全性评价
6	中药质量控制体系的构建	中药的质量控制体系
7	现代中药制药关键技术研究	中药制药关键技术

五、节能环保领域

序号	项目名称	拟解决的重大关键共性技术
1	垃圾分选和焚烧设备	垃圾自动分选机械 垃圾焚烧炉 烟气快速降温技术
2	污水处理厂技术升级	污水处理厂的除磷脱氮技术
3	秸秆发电技术及成套设备	秸秆气化技术 秸秆收储设施开发 秸秆气发电一体技术及设备
4	养殖废物、废水利用及处术	养殖废物脱水干化技术及设备 养殖废物堆肥技术及设备 养殖废水处理及利用技术
5	烟气脱硫脱硝技术及设备	烟气脱硝技术
6	生物质能源	燃料乙醇发酵
7	生物肥料	畜禽排泄物乳酸菌发酵
8	高难降解废水达标处理及回用技术	①废水可生化性提高及降毒预处理技术 ②废水深度处理达标排放技术 ③低温生化处理稳定运行技术 ④废水安全回用及水质稳定技术 ⑤污泥减量化、无害化处理技术

六、高端装备制造领域

序号	项目名称	拟解决的重大关键共性技术
1	小排量增压汽油机	①涡轮增压器与汽油机匹配关系，增压比设计准则和最佳参数 ②增压汽油机热负荷分析和燃烧控制技术 ③增压汽油机振动噪声控制及可靠性技术 ④增压汽油机排放控制技术

续表

序号	项目名称	拟解决的重大关键共性技术
2	高端乘用车驱动桥、悬架开发技术及系列产品	①高端乘用车驱动桥、悬架的可靠性试验道路载荷谱采集技术 ②高端乘用车驱动桥特性参数与整车操纵稳定性的匹配关系 ③高端乘用车悬架特性参数与整车行驶平顺性的匹配关系 ④高端乘用车驱动桥、悬架的机构动力学仿真分析技术
3	大型铸锻件/冶金轧机/风电增速箱产品	各地风场载荷谱及其数据库的建立；风电齿轮箱的强度和刚度分析研究，对箱体、行星架及传动系统结构进行改进；风电齿轮箱系统动力学研究。分析齿轮传动系统振动的激励源并进行准确模拟；系统研究风电齿轮箱传动系统的参数激励、耦合振动、系统转子动力学。以齿轮箱动态响应分析为基础对其结构进行优化；系统研究风电齿轮箱的行星轮、太阳轮等齿轮的修形理论，减小行星轴承的偏载以及齿轮接触偏载；系统研究风电齿轮箱在电磁场和风场载荷耦合作用下的失效机理、润滑油在电磁作用下的降解问题；建立基于齿轮的接触应力、弯曲应力建立齿轮、轴承及齿轮箱系统的可靠性评估模型
4	大功率风力发电机组关键设计制造技术	大功率风力发电机组设计制造过程中需要面对和解决的重大关键共性技术包括：①2.5～5MW的高端大功率风力发电机组结构的数字化设计分析技术；②大功率风力发电机组工作稳定性技术；③复杂风力条件下的风电机组主轴、轮毂等关键部件变形与应力分析技术；④大功率风电机组连接件失效机理、失效形式和危险位置分析；⑤风电机组主轴、轮毂等关键部件可靠性分析技术；⑥高端大功率风力发电机组关键零部件的制造工艺与专用数控加工技术
5	大型高速龙门五轴加工中心关键设计制造技术	大型高速龙门五轴数控加工中心集先进结构设计技术、计算机控制、高性能伺服驱动和精密加工技术于一体，适用于大型复杂曲面类零件的高效、精密、自动化加工，是目前大型发电设备、航空航天、军工产品、汽车以及模具等制造行业的关键设备之一。大型高速龙门五轴加工中心体积庞大、结构复杂、高新技术含量多，需要面对和解决的重大关键共性技术：①研究工作台宽度≥2000毫米、最高主轴转速范围15000～24000转/分钟、快速移动X轴与Y轴≥400米/分钟、Z轴≥20米/分钟、A/B/C轴回转速度≥10转/分钟的大型高速龙门五轴加工中心的总体结构设计分析技术；②可重构大型高速龙门五轴数控加工中心设计原理与模块化设计技术；③高速龙门五轴机床上的直接驱动应用技术，力矩电机驱动的双摆铣头，直线电机同步双驱技术及其调整与优化技术；④大型高速龙门五轴加工中心在内的高性能机床的精度稳定性技术，进行机床精度特性分类检测与辨识技术、机床热补偿的温度测点优化方法、机床装配结合面热边界条件的确定、环境温度与机床精度稳定性的关系模型、机床热误差建模、热误差模型鲁棒性增强技术的研究；⑤大型高速龙门五轴加工中心关键零部件的制造工艺、装配技术与五轴联动加工编程技术及应用方法

续表

序号	项目名称	拟解决的重大关键共性技术
6	高端装备制造企业共性关键技术、协同创新平台与服务体系建设	在高端装备制造企业共性关键技术方面进行：①大型成套装备的数字化设计与制造设计技术，进行产品全生命周期设计技术、智能设计技术、仿真分析和优化设计集成技术、机电耦合优化设计技术的研究；②大型复杂装备产品的可靠性设计与性能试验技术，研究产品质量检测规范与评价技术、可靠性增长技术、可靠性测试技术和评价方法，建立可靠性试验数据库和专家系统；③建立大型成套装备设计与制造技术及制造资源数据库、重要机械基础零部件性能与设计技术数据库等重点产品数据库；④大型成套装备的先进加工工艺技术；⑤大型铸锻件超声波在线检测技术与热态在线测量技术 在协同创新平台与服务体系建设技术方面进行：①技术协同创新平台和服务体系建设，建立服务于高端装备制造企业的产学研联盟的协同创新系统；②以企业技术中心为核心的企业技术创新体系建设和以产权为纽带的创新联盟运作模式；③装备制造业基础与共性技术创新服务体系研究，建立信息、资源、技术、市场共享的交流合作平台
7	高速、精密数控机床关键共性技术研究	①高速、精密数控机床数字化设计技术，包括数字化设计、整机动态设计、产品全生命周期设计、热变形特性分析与优化设计技术；②高速、精密数控机床可靠性设计与性能试验技术，整机、数控系统和功能部件性能评价方法与指标体系；③数控机床动态综合补偿技术；④多轴联动高速切削工艺技术与自动编程技术；⑤高速、精密数控机床故障诊断技术与远程故障诊断系统；⑥精密高速数控机床的数控系统、主轴等功能部件的开发技术；⑦高速、精密数控机床设计与制造资源数据库与知识库系统
8	汽车工业机器人及成套装备关键技术	研究开发汽车制造中使用工业机器人的集成技术，重点关键技术包括以下内容：①工业机器人加工的相关工艺技术；②智能工业机器人关键技术：焊缝跟踪、位置找正、工艺参数控制等；③工业机器人配套的关键基础件：相关焊接设备；搬运抓举手；机器人与执行工具端的快速更换装置；其他辅助装置；④采用工业机器人组成的自动化生产线成套集成技术及系统控制技术；⑤汽车工业机器人生产线仿真模拟、数字化工厂设计、离线编程技术；⑥研制由工业机器人组成的汽车装焊生产线

续表

序号	项目名称	拟解决的重大关键共性技术
9	智能高速列车开发共性关键技术	中国高速列车商业运行速度达到世界领先，如何开发出具有自检测、自诊断、自决策功能的智能型高速列车，确保高速列车运行安全和能力保持，是中国装备制造业在轨道交通发展的重要方向之一，并已经列入我国轨道交通“十二五”规划，中国交通领域唯一的一个轨道交通实验室建设成果具有非常好的优势。针对智能高速列车，主要解决如下共性关键技术：①高速列车关键零部件运行状态感知技术，高速列车状态感知网建立技术，传感器在冲击振动和复杂电磁环境性下的工作可靠性技术；②高速列车关键零部件所有需要植入标签及传感器的关键零部件的设计制造技术、相应工装设备的布局与改造，特殊专业制造技术和专用工装的应用；③在整列车中植入标签及传感器的实用技术，相应的制造台位和工装设备的布局与改造，特殊专业制造技术和专用工装的应用；④在整列车中植入标签及传感器的调试技术；⑤高速列车数字样机及功能模拟技术，车载状态监控与评估技术，车载故障智能导航技术；⑥高速列车系统动力学仿真及高速列车运行模拟技术，状态智能决策技术
10	特大型装载机设计制造关键技术	特大型工程机械，国际上的一般界定为其装备的发动机额定功率超过 746kW（近 1000HP）。它们主要用于大型露天矿山或大型水电工程工地。产品特点是科技含量高，研制与生产周期较长、投资大。以装载机为例，目前仅有马拉松、勒图尔勒、卡特彼勒和小松—德雷塞这三家公司能够生产特大型装载机。近年来，我国大型露天矿山、高速铁路、大型水电工程的大量上马，对特大型装载机形成井喷式的需求。特大型装载机由于工作环境复杂，对传动、动态特性要求极高，需要对诸多关键技术进行研究，基于装载机虚拟样机，重点研究制约我国特大型工程机械发展的关键共性技术，即装载机关键零部件轮边减速器设计研发，系统研究轮边减速器及其关键零部件的反求设计技术，轮边减速器虚拟样机仿真及动力学分析技术，轮边减速器关键零部件强度分析技术，低速重载齿轮齿形修形分析技术，及低速重载齿轮结构优化方案，大型精密行星齿轮的加工工艺技术

续表

序号	项目名称	拟解决的重大关键共性技术
11	高速列车系列化数字化设计与制造关键技术	中国高速列车走在了世界前列，并逐步具有成套技术向国外输出的趋势，研制出适合不同地域、不同国别、不同文化的高速列车（已列入国家轨道交通“十二五”规划），在高速列车系列化方面需要解决如下共性关键技术： ①具有共性研发特性的高速列车虚拟样机平台，采取模块化、部件参数化、系列化、模型库生成等多种先进的技术，开发适应个性化、多样化的高速列车谱系，完成对高速列车快速的变形设计。②依托虚拟样机，研究以高速列车系统动力学为核心的通用高速列车系统性能分析及仿真平台，完成对高速列车设计性能的模拟及评估，全面提升高速列车的研发能力，以加快设计速度，提高设计质量。③研究适应不同车型虚拟制造加工系统、虚拟装配系统、虚拟车间及优化布局生产系统，并以此构建柔性化的高速列车关键零部件车间制造系统，以最大限度适应在可配置、可变形条件下的高速列车多样性、个性化制造，以减少成本，增强适应能力，提高研发质量，有效再利用制造资源等。④研究以数控机床、机器人为核心的车间制造自动化系统，从CAPP、CAM系统及柔性化、复合化、高速化、高精度化的数控加工过程，加工过程状态监控，数控加工精度及控制技术，数字化质量控制技术等方面全面构建数字化制造装备平台，提升加工水平和质量
12	五轴联动数控系统关键技术研究	五轴联动数控是一种高端的数控系统，一旦成功将对我国装备制造业有突破性进展。针对四川省的特色优势，需要在五轴联动数控系统方面解决如下关键技术：NURBS插补技术，纳米级高精度插补技术；空间刀具补偿技术；机床几何误差补偿、热变形补偿和动态误差补偿技术；旋转刀具中心RTCP（Rotation Around Tool Center Point）编程技术；双轴同步驱动技术；数控系统现场总线技术；智能远程故障诊断技术；五轴联动与复合加工工艺技术、五轴联动数控系统的可靠性技术、五轴联动数控系统的工业验证技术

续表

序号	项目名称	拟解决的重大关键共性技术
13	复杂曲面零件设计制造共性关键技术研究	复杂曲面零件是飞机结构件、叶片、汽车覆盖件等重装行业的关键部件，其设计制造涉及很多关键技术，需要开展研究以下问题： ①面向 CAE 的复杂曲面工程设计及设计自动化技术 ②复杂曲面参数优化技术 ③复杂曲面零件反求及变形设计技术 ④复杂曲面 NUBRS 插补加工技术 ⑤复杂曲面多轴联动数控加工技术 ⑥复杂曲面多轴联动精度控制技术，含几何误差、热误差、变形误差、非线性误差等控制技术 ⑦复杂曲面零件多轴联动数控加工效率技术
14	民机及枭龙外贸机	飞机数字化制造与装配
15	枭龙外贸机	钛合金结构件制造
16	大型民机制造	复合材料制造与装配

参考文献

［1］白千文．战略性新兴产业研究述析［J］．现代经济探讨，2011（11）．

［2］宾建成．国际战略性新兴产业发展趋势与中国对策［J］．亚太经济，2012（1）．

［3］曹江涛，苗建军．模块化时代企业边界变动研究［J］．中国工业经济，2006（8）．

［4］陈策．江苏大力发展战略性新兴产业［J］．政策瞭望，2010（2）．

［5］陈磊．抓住机遇培育和发展战略性新兴产业——访科技部部长万钢［N］．科技日报，2009－11－27.

［6］陈柳钦．战略性新兴产业自主创新问题研究［J］．中国地质大学学报（社会科学版），2011（5）．

［7］戴维 J. 蒂斯．技术进步和企业的性质［J］；G. 多西．技术进步与经济理论［M］．北京：经济出版社，1992.

［8］邓龙安，王影，夏敬标．Research of the Regional Strategic E-merging Industrial Innovation and the Modern Industrial System Formation Mechanism［J］．Proceedings of the Fourth International Conference on Mountaineering Management，2011（6）．

［9］邓龙安，王影．学习优势、网络治理与高技术产业模块化实现［J］．科学管理研究，2010（2）．

［10］邓龙安，徐玖平．产业范式演化下企业价值活动管理研究［J］．科学管理研究，2007（12）．

［11］邓龙安，徐玖平．供应链整合下的企业网络创新管理［J］．科学学与科学技术管理（D 和 CSSCI），2007（12）．

[12] 邓龙安，徐玖平. 基于技术范式演化转移的企业价值网络重构研究 [J]. 科学管理研究（CSSCI），2007（6）.

[13] 邓龙安，徐玖平. 技术范式竞争下网络型产业集群机理研究 [J]. 科学学研究（CSSCI），2009（4）.

[14] 邓龙安，徐玖平. 技术范式演化与企业边界变动的动态变化研究 [J]. 科学学与科学技术管理（CSCD 和 CSSCI），2007（1）.

[15] 邓龙安，徐玖平. 模块化网络运营对竞争性市场效率的影响——兼析网络规则与市场规则下市场效率的变化 [J]. 中国工业经济（CSCD 和 CSSCI），2007（8）.

[16] 邓龙安. Study of Leading Firm's Dynamic Government Industrial Technology Application under the Behavior and Paradigm Evolve - ment [J]. Proceedings of the Fourth International Conference on Mountaineering Management，2010（6）.

[17] 邓龙安. 产品投入期顾客需求与组织设计策略选择研究 [J]. 管理研究，2007（3）：230 - 234.

[18] 邓龙安. 产业技术范式转移下区域战略性新兴产业自适应创新管理研究 [J]. 科学管理研究，2011（2）.

[19] 邓龙安. 高技术产业范式演进下企业边界变动研究：一个路径探索 [J]. 管理研究（CSSCI），2009（8）.

[20] 邓龙安. 高技术产业主导范式扩散下企业运营管理模式研究 [J]. 软科学，2009（6）.

[21] 邓龙安. 企业技术联盟与主导设计的形成 [J]. 进步与对策，2007（8）.

[22] 邓龙安. 区域高技术产业集群的复杂适应性机理研究 [J]. 科学学与科学技术管理，2010（1）.

[23] 丁刚，黄杰. 区域战略性新兴产业的产业链图谱表达方式研究——以福建省光伏产业为例 [J]. 中国石油大学学报（社会科学版），2012（3）.

[24] 董锡健. 对接新兴战略产业借力传统产业转型 [J]. 上海企业，2011（5）.

[25] 杜占元. 依靠科技创新推动战略性新兴产业发展 [EB/OL].

科技部网站，2010 - 09 - 17.

[26] 段世德，徐璇．科技金融支撑战略性新兴产业发展研究 [J]. 科技进步与对策，2011 (14).

[27] C. W. L.，希尔 G. R.，琼斯．战略管理 (2004) [M]. 北京：中国市场出版社，2005.

[28] G. 多西．技术进步与经济理论 [M]. 北京：经济出版社，1992.

[29] 范红忠．有效需求规模假说、研发投入与国家自主创新能力 [J]. 经济研究，2007 (3).

[30] 傅家骥．技术创新学 [M]. 北京：清华大学出版社，1998.

[31] 顾海峰．战略性新兴产业培育与发展的金融支持 [J]. 开放导报，2012 (4).

[32] 顾海峰．战略性新兴产业演进的金融支持体系及政策研究——基于政策性金融的支持视角 [J]. 科学学与科学技术管理，2011，32 (7)：98 ~ 103.

[33] 郭淑娟，常京萍．战略性新兴产业知识产权质押融资模式运作及其政策配置 [J]. 中国科技论坛，2012 (1).

[34] 郝斌等．组织模块化设计：基本原理与理论架构 [J]. 中国工业经济，2007 (6).

[35] 胡海峰，胡吉亚．美日德战略性新兴产业融资机制比较分析及对中国的启示 [J]. 经济理论与经济管理，2011 (8).

[36] 胡昱．战略性新兴产业的突出特征 [J]. 学习时报，2011 (6).

[37] 华文．集思广益：战略性新兴产业的科学内涵与领域 [J]. 新湘评论，2010 (11).

[38] 惠芳燕，段阿曼．基于因子分析的陕西电子信息制造业竞争力评价 [J]. 中国发展，2012 (2).

[39] Jod. Tidd，John Bessant，Keith Pavitt. 创新管理——技术、市场与组织变革的集成 (1997) [M]. 北京：清华大学出版社，2002.

[40] 姜秉国，韩立民．海洋战略性新兴产业的概念内涵与发展趋势分析 [J]. 太平洋学报，2011 (5).

[41] 姜大鹏，顾新．我国战略性新兴产业的现状分析 [J]. 科技进步与对策，2010（17）.

[42] 姜江．世界战略性新兴产业发展的动态与趋势 [J]. 中国科技产业，2010（7）.

[43] 靳茂勤．我国战略性新兴产业国际合作模式初探 [J]. 亚太经济，2011（6）.

[44] 荆浩，陈静，孟左飞．基于商业模式设计的战略性新兴产业发展研究 [J]. 沈阳航空航天大学学报，2011（6）.

[45] 剧锦文．战略性新兴产业的发展“变量”：政府与市场分工 [J]. 改革，2011（3）.

[46] 李朴民．如何培育战略性新兴产业 [J]. 学技术产业，2010（7）.

[47] 李晓华．产业组织的垂直解体与网络化 [J]. 中国工业经济，2005（7）.

[48] 李战奇．金融支持江苏省战略性新兴产业的路径和对策研究 [D]. 江苏大学博士学位论文，2011.

[49] 梁军．自主发展还是被俘获：发展战略性新兴产业的抉择 [J]. 天津社会科学，2011（3）.

[50] 凌捷，苏睿．后金融危机时代高新区战略性新兴产业发展研究 [J]. 改革与战略，2010（6）.

[51] 刘洪昌．中国战略性新兴产业的选择原则及培育政策取向研究 [J]. 科学学与科学技术管理，2011（3）.

[52] 刘辉峰．自主创新与我国战略性新兴产业发展的“机会窗口” [J]. 中国科技论坛，2011（9）.

[53] 刘险峰．战略性新兴产业发展中的需求激励政策研究 [J]. 中国财政，2011（13）.

[54] 刘秀莲，万军．战略性新兴产业发展的若干问题研究 [J]. 学习与实践，2011（10）.

[55] 刘志阳，李璇．我国总部经济过度竞争研究——来自北京、上海、广州、深圳四地面板数据的证据 [J]. 上海市经济学会学术年刊，2009（15）.

[56] 刘志阳，施祖留．我国战略新兴产业自主创新问题与对策研究 [J]. 福建论坛（人文社会科学版），2010（8）．

[57] 刘志阳，苏东水．战略性新兴产业集群与第三类金融中心的协同演进机理 [J]. 学术月刊，2010（12）．

[58] 陆立军，于斌斌．传统产业与战略性新兴产业的融合演化及政府行为：理论与实证 [J]. 中国软科学，2012（5）．

[59] 罗伯特 A. 伯格曼．技术与创新的战略管理（2001）[M]. 北京：机械工业出版社，2004.

[60] 罗思平，于永达．技术转移、“海归”与企业技术创新——基于中国光伏产业的实证研究 [J]. 管理世界，2012（11）．

[61] [美] 钱德勒．看得见的手——美国企业的管理革命 [M]. 北京：商务印书馆，1987.

[62] [美] 钱德勒．透视动态企业：技术、战略、组织和区域的作用 [M]. 北京：机械工业出版社，2005.

[63] Melissa A. Schilling. 技术创新的战略管理 [M]. 北京：清华大学出版社，2005.

[64] Simon（1969）[A]. 鲍德温，克拉克．设计规则——模块化的力量 [M]. 北京：中信出版社，2006.

[65] 苗圩．培育发展战略性新兴产业加快推进产业结构调整 [J]. 中国发展观察，2011（4）．

[66] 乔玉婷，曾立．战略性新兴产业的军民融合发展模式研究 [J]. 预测，2011（5）．

[67] 乔治．戴，保罗．休梅克．沃顿论新兴技术管理（2000）[M]. 北京：华夏出版社，2002.

[68] 沈坤荣，杨士年．美国的战略性新兴产业发展趋势及其启示 [J]. 群众，2011（8）．

[69] 孙军，高彦彦．产业结构演变的逻辑及其比较优势——基于传统产业升级与战略性新兴产业互动的视角 [J]. 经济学动态，2012（7）．

[70] 孙晓峰．模块化技术与模块化生产方式：以计算机产业为例 [J]. 中国工业经济，2005（6）．

[71] 孙远远．河南省培育战略性新兴产业的思考［J］．河南商业高等专科学校学报，2011（2）．

[72] 孙早，张敏，刘文璨．后危机时代的大国产业战略与新兴战略产业的发展［J］．经济学家，2010（9）．

[73] 孙志燕．全球价值链下的产业升级［J］．新经济导刊，2006（1）．

[74] 谭中明，李战奇．论战略性新兴产业发展的金融支持对策［J］．企业经济，2012（2）．

[75] 汤碧．中国高技术产业价值链地位的测度和影响因素分析［J］．经济学动态，2012（10）．

[76] 万钢．把握全球产业调整机遇，培育和发展战略性新兴产业［J］．求是，2010（1）．

[77] 万钢．把握全球产业调整机遇，创新和发展战略性新兴产业［J］．求是，2010（1）．

[78] 万军．战略性新兴产业发展中政府的定位——日本的经验教训及启示［J］．科技成果纵横，2010（1）．

[79] 汪克强．生化体制机制改革：发展战略性新兴产业的关键［J］．中国高校科技与产业化，2011（3）．

[80] 王春艳．战略性新兴产业发展的国际比较及对我国的启示［A］．北京市社会科学界联合会论坛论文集［C］．北京市社会科学界联合会，2010（5）．

[81] 王德禄．国家高新区：战略性新兴产业的摇篮［N］．中国高新技术产业导报，2010－01－04.

[82] 王景敏，隋博文．广西北部湾经济区新兴产业发展支撑体系研究［J］．广西经济管理干部学院学报，2011（2）．

[83] 王君，侯广辉．有限外部化：技术进步对企业边界的影响［J］．中国工业经济，2005（10）．

[84] 王利，尚晓昆，蒋宁．我国战略性新兴产业发展研究——基于近现代新兴产业发展规律的分析［J］．科技进步与决策，2012（6）．

[85] 王晓阳．集聚战略性新兴产业应成为开发区发展的主旋律

[J]. 改革与开放，2010（6）.

[86] 王勇. 战略性新兴产业简述 [M]. 北京：世界图书出版社，2010.

[87] 王育宝，陈萌. 战略性新兴产业培育发展的国际经验及借鉴 [J]. 情报杂志，2012（9）.

[88] 温家宝. 关于工作的几个问题 [J]. 求是，2011（14）.

[89] 温家宝. 省部级主要领导干部深入贯彻落实科学发展观，加快经济发展方式转变专题研讨班上的重要讲话 [EB/OL]. 中央政府门户网站，2010－02－04.

[90] 温如春，钟新桥. 湖北战略性新兴产业发展战略研究 [J]. 特区经济，2012（8）.

[91] 吴传清，周勇. 培育和发展战略性新兴产业的路径和制度安排 [J]. 学习月刊，2010（7）.

[92] 吴慈生等. 安徽省战略性新兴产业发展现状分析与建议 [J]. 安徽科技. 2010（2）.

[93] 吴晓波，刘雪锋，许冠南. 技术范式转换期的企业动态能力匹配研究——以三星公司为例 [J]. 重庆大学学报（社会科学版），2006（4）.

[94] 西格法德·哈里森. 日本的技术与创新管理（1998）[M]. 北京：北京大学出版社，2004.

[95] 肖兴志，邓菁. 战略性新兴产业组织的政策评价与取向 [J]. 重庆社会科学，2011（4）.

[96] 熊勇清，郭兆. 战略性新兴产业培育和发展中的利益关系及协调机制 [J]. 求索，2012（7）.

[97] 熊勇清，李世才. 战略性新兴产业与传统产业耦合发展研究 [J]. 财经问题研究，2010（10）.

[98] 薛红志，张玉利. 突破性创新、互补性资产与企业间合作的整合研究 [J]. 中国工业经济，2006（8）.

[99] 杨以文，邓江淮，黄永春. 需求规模、渠道控制与战略性新兴产业发展——基于长三角企业调研数据的实证分析 [J]. 南方经济，2012（7）.

［100］于新东，牛少凤等．我国战略性新兴产业的突出矛盾［J］．红旗文稿，2011（19）．

［101］原毅军等．网络外部性与软件产业技术扩散［J］．中国工业经济，2004（6）．

［102］曾宪植．京津冀区域在我国战略新兴产业发展中的地位与作用［A］．北京市社会科学界联合会［C］．北京市社会科学界联合会，2010（4）．

［103］翟华云．我国战略性新兴产业发展与多层次资本市场构建［J］．财会月刊，2012（5）．

［104］张艳清．产业集群内中小企业技术创新与政府行为［J］．企业经济，2011（9）．

［105］张玉强，白福臣．地方政府发展战略性新兴产业“热”的冷思考［J］．科技进步与对策，2011（22）．

［106］郑江淮．理解战略性新兴产业的发展——概念、可能的市场失灵与发展定位［J］．上海金融学院学报，2010（4）．

［107］郑雨．战后美国科技政策评析［J］．世界经济与政治论坛，2006（5）．

［108］中共中央党校省部班调研组．转变经济发展方式的体制难点［N］．人民日报，2011－04－09.

［109］钟清流．为战略性新兴产业创造健康成长的条件［J］．中国集体经济，2010（6）．

［110］钟清流．战略性新兴产业发展的动力机制［J］．商业经济评论，2010（9）．

［111］周绍东．战略性新兴产业创新系统研究述评［J］．科学管理研究，2012（4）．

［112］Adner，R.，and Zemsky，P. Disruptive Technologies and Emergence of Competition［J］. Rand Journal of Economics，2005，36（2）：78－99.

［113］Chandler，Alfred. Organizational Capabilities and the Economic History of the Indust rial Enterprise［J］. Journal of Economic History，1992（6）．

[114] Christensen, C. M., Roth, E. A., and Anthony, S. D. Seeing What's Next: Using Theories of Innovation to Predict Industry Change [M]. Harvard Business School Press, 2004.

[115] Christensen, C. M. The Innovator's Solution: Using Good Thoery to Solve the Dilemmas of Growth [M]. Harvard Business School Press, 2003.

[116] Christensen, C. M. The Ongoing Process of Building a Theory of Disruptive [J]. The Journal of Product Innovation Management, 2006 (23): 45-96.

[117] Cooper, A., and Schendel, D. Strategic Reponses to Technological Threats [J]. Business Horizons, 1976 (19): 39-79.

[118] Darr, E., Argote, L., Epple, D. The Acquisition, Transfer, and De preciation of Knowledge in Service Organizations: Productivity in Franchises [J]. Management Science, 1995 (41).

[119] Demsetz, H. The Theory of the Firm Revisited [M]. in O. E. Williamson and S. G. Winter (eds.), The Nature of the Firm (Oxford: University Press), 1993.

[120] Fellner, W. J. Competition among the Few [M]. (New York: Knopf), 1949.

[121] Galbraith, C. S. Transferring Core Manufacturing Technologies in High Technology Firms [J]. California Management Review, 1990, 32 (4): 56-70.

[122] G. Dosi. Technological Paradigms and Technological Trajectories [J]. Research Policy 1982 (11): 147-63.

[123] Henderson, R. The Failure of Established Firms in the Face of Technological Change [R]. PHD. Dissertation, Harvard University, 1988.

[124] Hodgson, G. M. Competence and Contract in the Theory of the Firm [J]. Journal of Economic Behavior & Organization, 1998 (35).

[125] In Nicolai J. Foss (ed.), Resource, Firms, and Strategies [M]. London: Oxford University Press, 1997: 103-116.

[126] Kogut, B., Zander, U. Knowledge of the Firm, Combinative

Capa bilities, and Treplication of Technology [J]. Organization Science, 1992, 3 (3) .

[127] Link, A. N. and Tassey, G. The Impact of Standards on Technology - Based Industries: The Case of Numerically Controlled Machine Tools in Automated Batch Manufacturing [M]. in L. H. Gabel (ed.), Product Standardization and Competitive Strategy, 1987.

[128] Madhok, A. Inter2firm Collaboration ; Contractual and Capabilities 2 Based Perspectives [C]. ed., Nicolai Foss &Volker Mahnke. Competence, Governance, and Entrepreneurship, Oxford University Press, 2000: 276 -303.

[129] Mahoney J. T. The Choice of Organizational Form: Vertical Financial Ownership Versus other Methods of Vertical Integration [J]. Strategic Management Journal, 1992 (13) .

[130] McGee, J. E. and Dowling, M. J. Using R&D Cooperative Arrangements to Leverage Managerial Experience [J]. Journal of Business Venturing, 1994 (9): 33 -48.

[131] Natalia Levina. Knowledge and Organizations Literature Review [C]. Prepared for the Society for Organizational Learning, 1999.

[132] Penrose, E. T. The Theory of Growth of the Firm [M]. Basil Blackwell Publisher, Oxford, 1959.

[133] Perry M. K1Vertical, Integ ration : The monopsony case [J]. American Economic Review, 1978, 68 (4) : 561 -571.

[134] Pfaffmann Eric. Knowledge Maturity of Products, Modularity, and the Vertical Boundaries of the Firm [M]. Nicolai J. Foss (ed.), The theory of the Firm, (IV), London and New York, Routledge, 2000: 250 -275.

[135] Poppo L., Zenger T. Testing Alternative Theories of the Firm: Transaction Cost, Knowledge - Based, and Measurement Explanations for Make 2 or 2 Buy Decisions in Information Services [J]. Strategic Management Journal, 1998 (19): 853 -877.

[136] Porter, M. E. Competitive Advantage of Nations [M]. The Free

Press, 1990.

[137] Prahalad, C. K. Hamel, G. Core Competence of the Corporation [J]. Harvard Business Review, 1990 (3) .

[138] Ronnen, U. Minimum Quality Standard Fixed Costs and Competition [J]. Rand Journal of Economics, 1991, 4 (22): 490 -504.

[139] Saloner, G. Economic Issues in Computer Interface Standardization [J]. Economics of Innovation and New Technology, 1990, 1 -2/1: 135 -156.

[140] Salop S. C. , Scheffman. D T Raising strategies [J]. The Journal of Indust rial Economics, 1987, 36 (1) : 19 -34.

[141] Szulanski, G. Exploring Internal Stickiness : Impediments to the Transfer of Best Practice within the Firm [J]. Strategic Manage ment Journal (special issue), 1996 (17) .

[142] Teece D. J. 1980. Economies of Scope and the Scope of the Enterprise [J]. Journal of Economic Behavior and Organization, 1980.

[143] Teece, D. J. Firm Organization, Industrial Structure, and Technological Innovation [J]. Journal of Economic Behavior & Organization, 1996 (31) .

[144] Teece, D. Technology Transfer by Multinational Firms: The Resource Cost of Transferring Technological Know - how [J]. The Economic Journal, 1977 (87) .

[145] Utterback and Abernathy. A Dynamic Model of Process and Product Innovation; F. F. Suarez and J. M. Utterback. Dominant Designs and the Survival of Firms [J] . Strategic Management Journal, 1995 (16): 415 - 430; and J. M. Utterback and F. F. Suarez. Innovation, Competition and Industry Structure [J] . Research Policy, 1993 (22): 1 -21.

[146] Williamson, O. E. Strategy Research : Governance and Competence Perspectives [J]. Strategic Management Journal, 1999: 87 -108.

[147] W. J. Abernathy, J. M. Utterback. Patterns of Industrial Innovation [J] . Technology Review, 1978, 80 (7) (January/July 1978): 40 -47.

后　记

在新技术、新产业迅猛发展的今天，新兴产业正在成为引领未来经济社会发展的重要力量。大力发展新兴产业，通过新兴产业创新驱动，攀登未来经济竞争的制高点，成为世界主要国家的发展战略。当前，我国正按照科学发展观的要求，大力创新发展新兴产业，建设新兴产业创新驱动体系，提高发展质量和效益，实现经济发展方式的转变。可以说，新兴产业创新驱动既是新技术、新科技深度融合的要求，也是经济社会得以持续发展的原动力。

而从战略性新兴产业实施的进展情况看，问题还比较突出。一是无序发展，一些地方热衷于铺摊子，重复投入、重复建设；二是缺乏核心技术，许多领域还处于起步和跟踪模仿外国技术阶段；三是条块分割，资源分散，产学研脱节。本书从创新主体的自适应出发，来对战略性新兴产业的创新驱动进行研究，在一定程度上为上述问题提供了解决思路。同时，本书的形成，得益于刘静老师的大力支持，对相关数据的处理刘老师倾注了大量心血。

邓龙安

2015 年 12 月